中国K12在线教育发展研究

THE STUDY ON
THE DEVELOPMENT OF
K12 ONLINE
EDUCATION
IN CHINA

董晓迪　李军 @ 著

中国传媒大学出版社
·北京·

图书在版编目(CIP)数据

中国 K12 在线教育发展研究 / 董晓迪,李军著. --北京 ：中国传媒大学出版社，2019.1
ISBN 978-7-5657-2433-6

Ⅰ. ①中… Ⅱ. ①董… ②李… Ⅲ. ①网络教育－研究－中国 Ⅳ. ①G434

中国版本图书馆 CIP 数据核字（2018）第 295294 号

中国 K12 在线教育发展研究

ZHONGGUO K12 ZAIXIAN JIAOYU FAZHAN YANJIU

著　　者	董晓迪　李　军
策划编辑	赵　欣
责任编辑	张　笛
责任印制	曹　辉
装帧设计	拓美设计·白鹤
出版发行	中国传媒大学出版社
社　　址	北京市朝阳区定福庄东街 1 号　邮编:100024
电　　话	86－10－65450528　65450532　传真:65779405
网　　址	http://www.cucp.com.cn
经　　销	全国新华书店
印　　刷	北京中科印刷有限公司
开　　本	710mm×1000mm　1/16
印　　张	13
字　　数	200 千字
版　　次	2019 年 1 月第 1 版
印　　次	2019 年 1 月第 1 次印刷
书　　号	ISBN 978-7-5657-2433-6/G·2433　　定　价　56.00 元

前 言

我们是在2012年年底开始关注在线教育这个领域的，那个时候可能还没有在线教育这个说法，大家听到更多的是远程教育、网校、网络教育等提法。通过每天浏览各类科技媒体，有一种力量隐隐地告诉我们，互联网和教育的结合，是一件充满想象力甚至可能改变人类未来的事情。虽然那时候在线教育的形态还停留在国外的Coursera、Udacity和edX这“三驾马车”上。

关于在线教育，在不同的时间节点，我们有不同的发问。总结起来，主要有以下三个：

第一个问题：究竟什么是在线教育？它和十年前的远程教育有什么不同？

这是人们遇到在线教育这个新事物时，最先的发问。2011年左右，考研培训市场上出现两种课程：一种是现场讲座，另一种是录播课。有些教育培训机构把大城市的教师现场讲座录制下来，通过网络上传到小城市的机构代理处，机构负责人在固定时间把当地的学生召集在阶梯教室，打开电脑和大屏幕，给大家播放讲座。这是我们在2011年接触到的“在线教育”。除了价格便宜，它也确实在一定程度上实现了优质教育资源的流动，但对于学生来说，这依然是被动的接受。

第二个问题：在线教育的本质是教育还是互联网？

这个问题伴随着YY101教育和新东方的“口水战”甚嚣尘上。所谓懂教育的不懂互联网，懂互联网的不懂教育，但我们回过头看，其实这两个阵营的精英是殊途同归的。技术派的代表如百度作业帮、小猿搜题、学霸君等一系列互联网产品横空出世，希望通过技术手段颠覆教育这一传统业态，用每个人与众不同的学习大数据来完成“有教无类”“因材施教”的历史使命。与此同时，传统的学校、教育培训机构、出版社等都在做线上的尝试，习惯了黑板粉笔的教师也开始进入录播室，录制各种教学微视频。为了更吸引学生的眼球，有的机构甚至花大成本把每节课做成动画，动画里穿插在线答题，洋葱数学就做了这样的尝试；传统的培训机构也开始尝试线上和线下的结合，学生拿着iPad坐在线下体验店里，听清华、北大、人大等名校老师的直播，课后的答疑练习等服务环节由线下的辅导教师来完成，这既实现了优质教育资料的区域间流动，也实现了家长对低龄学生课后服务和学习监督的诉求，闻题鸟公司就做了这样的尝试。同时期，我们熟知的一线教辅出版社也开始了内容的输出和整合。在视频课程兴起的时代，纸质教辅上每道题旁边都有一个二维码，学生只要扫码就可以看到教师真人讲解。

其实当我们回头再看，任何一个在线教育产品都是教育与互联网深度融合和创新的产物。每一个产品都带着其母公司的基因，不管初始是互联网基因多一些，还是传统教育基因多一些，最终都实现了二者的完美契合。

第三个问题：在线教育的盈利模式是什么？“烧钱”之后的路在何方？

随着2014年K12领域在线免费题库的遍地开花，在快速投资占领市场之后，如何实现产品盈利是很多投资人关注的问题。K12这个领域的特殊之处在于使用者和付费者的分离，想要使用户付费，不仅要吸引孩子，还要满足家长的教育需求。在盈利这个问题的探索上，我们看到两条不同的路径：第一条是努力靠近教育无可替代的核心领域，通过提供差异化的服务来向C端用户收费，比如猿辅导，向学生输出清华、北大等名校教师的教育资源，这是大部分非一线城市孩子无法获取的教育资源，从而实现课程和服务的收费；第二条是面向B端的学校或教育机构，提供一揽子的教育解决方案，比如学科网和各类智慧云平台。

“潮水褪去之后，才知道谁在裸泳。”在经历了2013年下半年到2015年下半年的两年高速发展期之后，在线教育领域迅速降温，整个行业进入到冷静做事，踏实打磨产品的阶段。

在在线教育经历了高潮之后的今天，我们还想提出两个问题：教育的下一个新形态会是什么样子？人工智能的发展会对我们人脑产生怎样关键性的影响？也许用不了几年，“智能教育”将走入我们的视野。

与职业教育、留学培训、高等教育相比，K12领域的在线教育虽不是起步最早的，却引领了在线教育整个行业的爆发。本书以2014—2016年获得融资的K12在线教育产品作为研究重点，通过分类梳理，试图把握其发展特质与脉络。本书共分为五章，第一章为中国K12行业发展概况，以K12的定义梳理为起点，概要描述了该行业的发展历程、参与主体、发展模式等方面内容。第二章为中国K12在线教育发展环境，通过政治、经济、社会和技术四个维度的PEST分析，对影响我国K12在线教育发展的宏观因素做了简要说明。第三章为学前在线教育热点分析。本章对与之相关的母婴电商、母婴社区、智能硬件等各个细分领域做了归类与概述。第四章为中小学在线教育热点分析，我们选择了在线课程、题库、工具和家教四个处在在线教育浪潮之巅的细分领域进行分析，并通过归类、对比等方式试图阐述其发展思路和未来发展路径。

当然，本书也存在一些局限性。比如成书时间在2016年年底，由于互联网行业发展迅猛，近一年多的在线教育新发展并没有纳入到本书中来；还比如受制于学科背景和工作经历，本书对于整个行业的商业模式研究还显得比较单一和浅薄。

总之，我们仍然感到非常荣幸，能够作为旁观者，亲历在线教育在国内从0到1，再从1到100的飞速发展。借此，让我们一起期待，教育的未来。

作 者

2018.8.11

目 录

第一章 中国 K12 在线教育发展概况

西方传播巨匠麦克卢汉在《理解媒介:论人的延伸》中提出了"媒介即人的延伸"这一概念。他认为,媒介是人的感觉能力的延伸或扩展。任何媒介都不外乎是人的感觉和感官的扩展或延伸:文字和印刷媒介是人的视觉能力的延伸,广播是人的听觉能力的延伸,电视则是人的视觉、听觉和触觉能力的综合延伸。

如今,互联网的发展使得人的感觉能力向更为广阔和纵深的方向发展,并通过各个节点的连接产生不可思议的化学反应。互联网与教育的结合不仅促使教育资源在产业链上下游以及全世界范围内流动,而且开创了全新的教与学方式,在线教育时代所有的参与者都将在这个过程中析出价值。

从延伸和连接的视角出发,本章从在线教育的概念、发展历程、融资热点、发展格局和发展模式等五个方面,详细阐述了 K12 在线教育目前的发展状况。

第一节 K12 与在线教育

在搞清楚在线教育的定义之前,我们首先需要辨明国内外对于 K12 不同阶段学制和学生年龄上的差异,从而明确学前教育及中小学教育的人群特征及其教育阶段特征。

一、K12 学制与年龄划分

K12 是"kindergarten through 12th grade"的简写,是指从幼儿园(kindergarten,通常 5—6 岁)到十二年级(grade 12,通常 17—18 岁)这一阶段。K 是幼儿园 kindergarten 的首字母大写,12 代表从小学到高中的 12 年的基础教育。在美国,幼儿园只有一年,属于小学的一部分。政府要求 5 岁的儿童就可以开始接受幼儿园教育,因此,美国的义务教育包括幼儿园 1 年、小学 5 年、初中 3 年和高中 4 年,一共 13 年,即我们俗称的 K12 教育。在幼儿园之前,美国有很多专门的学前学校(pre-school)、日托中心(daycare center)等看顾教育机构接收年龄小于 5 岁的孩子,这些学校、机构均为私立性质。

与美国类似,英国的孩子在 3 岁之前可以选择学前班(pre-school)、幼儿托管人(child-minder)、保姆(nanny)等,3 岁之后可以享受免费幼托的福利,幼儿园基本以公立为主。英国公立小学教育针对 5—11 岁的孩子,共 6 年;中学教育针对 11—16 岁的孩子,类似中国的初中和高中教育阶段,共 5 年。这两个阶段即英国的义务教育阶段,共 11 年。

相较于欧美国家,亚洲国家中的中国、韩国和日本在义务教育年限和小学到大学学制上基本一致:义务教育为 9 年,小学到大学的学制为“6—3—3—4”制。中国的幼儿园通常为 3 年,分为小班、中班和大班,3 岁的小朋友可以进入幼儿园小班,通常 6 岁大班毕业后升入小学。中国的幼儿园公立、私立均有,基本以私立为主。中国的义务教育包括小学 6 年和初中 3 年,学前教育和高中教育并不包含在义务教育之内。

根据《教育信息化十年发展规划(2011—2020 年)》,我国的基础教育包括学前教育、义务教育、高中教育等。基础教育是我国国民教育体系中的重中之重,是提高民族素质的奠基工程。其中,学前教育是我国学校教育制度的第一阶段,是重要的社会公益事业,关系到千百万儿童的健康成长;义务教育包括小学教育和初级中等教育,是国家依法统一实施、所有适龄少年儿童必须接受的教育,是国民素质的基础;高中教育是在九年义务教育基础上进一步提高国民素质、面向大众的高级中等教育,同时也是满足升学与就业双重需要的预备教育。

在基础教育各阶段中，义务教育是整个国民教育的核心内容。[①]

综上所述，本书论述的 K12 教育基本等同于《教育信息化十年发展规划(2011—2020 年)》中提出的基础教育阶段，包括学前教育、义务教育和高中教育。

二、学前教育定义与阶段特征

(一)定义

从广义上讲，学前教育包括婴儿期、先学前期和学前期三个阶段的教育；从狭义上讲，学前教育主要指学前期阶段的教育，参与主体包括幼儿园、家庭、机构等。

(二)阶段特征

对于学前期、幼儿期的年龄划分，国际上没有统一的标准。国际心理学家从生理发展、智力思维水平等不同标准出发，对儿童的各阶段进行了不同的划分，我们可以适当参考。

儿童心理学家皮亚杰从认知心理学角度，对 K12 阶段做了如下分类：

第一阶段：出生到 2 岁，为感觉运动阶段；

第二阶段：2 岁到 7 岁，为前运算阶段；

第三阶段：7 岁到 11 岁，为具体运算阶段；

第四阶段：从 11、12 岁开始，到 12 至 20 岁，为形式运算阶段。

弗洛伊德从性心理角度，认为成人人格的基本组成部分在如下三个阶段已基本形成：

第一阶段：出生到 18 个月，为口腔期；

第二阶段：1 到 3 岁，为肛门期；

---

① 规划编制专家组. 解读教育信息化十年发展规划(2011—2020)[M]. 北京：人民教育出版社，2012：88.

第三阶段:3到7岁,为性器期。

在我国,专家根据儿童各年龄时期的生理、心理发展情况,对儿童进行了如下分类:

第一阶段:出生到1岁,为婴儿期;

第二阶段:1到3岁,为先学前期;

第三阶段:3到6、7岁,为学前期;

第四阶段:6、7岁到15岁,为学龄期。

(三)学前教育原则

学前教育是人的终生学习和终生发展的开端,是基础教育之基石。改善幼儿的教育时机是未来拥有更加聪敏、更加具有适应性劳动力的第一步重要阶梯。[①] 学前教育不仅对个人发展,而且对社会和经济发展都将产生高质量的回报。高质量的学前教育有利于减少天生不利条件的影响,减少或者避免贫困的发生,有利于构建社会的公平形态。学前教育是未来国家人才竞争战略的核心之一。在全球化经济和教育快速发展的今天,学前教育的事业状态基本决定了一个国家人才发展的走向和高度,可以预期这个国家未来的竞争力水平。

由于教育对象在生理和心理上的特殊性,学前教育不仅要遵循一般的教育原则,还要注意一些此阶段特殊的教育原则。这些特殊原则同样适用于在线教育,新的教育载体和环境可能对如下原则有正向的影响,比如多感官配合的游戏形式、以AR(Augmented Reality,增强现实技术)为代表的更为直观的教育形式,但也有可能会对如下原则有反向的影响,比如手机、平板电脑等电子产品可能会损害儿童的视力、听力,教育内容不当可能会影响儿童心理的健康发展,等等。

1.“保教合一”的原则

教师应从学前儿童身心发展的特点出发,在全面、有效地对儿童进行教育的同时,重视对儿童生活上的照顾和保护。保育主要是为儿童的生存、发展创

---

① 周兢.国际学前教育政策比较研究[M].上海:华东师范大学出版社,2012:9.

设有利的环境，给予儿童精心的照顾和养育，帮助其身体和机能良好发育，促进其身心健康发展；教育则重在培养儿童良好的行为习惯、态度，发展儿童的认知、情感、社会性，引导儿童学习必要的知识技能等。这两方面构成了学前教育的全部内容。

2. 以游戏为基本活动的原则

游戏是学前教育阶段的基本活动。游戏符合儿童身心发展的特点，是儿童最愿意从事的活动，最能满足儿童的需要，具有其他活动不能替代的教育价值。对于学前儿童来说，游戏也是一种学习，而且是一种更重要、更适宜的学习。游戏是促进儿童身体、智力、道德品质、情感以及创造性发展的重要手段。

3. 教育的活动性原则

学前儿童认知系统的行动性与形象性，决定了他们不可能像中小学生那样，主要通过书本知识的学习来获得发展，而必须通过活动去接触各种事物，与人交往，在活动中逐步积累经验，获得知识。对此阶段的儿童来说，只有在活动中的学习，才是有意义的学习，才是理解性的学习。教师不仅要注意以活动为基础展开教育，同时要注意活动形式的直观性和多样化。

4. 生活化和一日活动整体性的原则

生活化包括教育生活化和生活教育化。前者指将富有教育意义的生活内容纳入课程领域，例如可以依据节日顺序，时令、季节变化来组织课程；后者指将学前儿童在日常生活中获得的经验系统化、条理化，在生活中适时引导。一日活动是指每天进行的所有保育、教育活动。它不仅包括由教师组织的活动，还包括儿童的自主自由活动。要注意通过合理组织、科学安排，让一日活动发挥一致的、连贯的、整体的教育功能，寓教育于一日活动之中。

三、中小学的教学三维目标

我国的 K12 教育除了学前教育外，还包括小学、初中和高中教育。与学前教育相比，中小学教育不仅具有义务性（主要指小学和初中阶段），而且具有基础性和全面性。中小学教育的质量和水平深刻影响着国家、民族和社会的未来。

1956 年，美国著名教育心理学家布卢姆立足于教育目标的完整性，制定了教育目标分类系统。他将教育目标分为认知、情感和动作技能三个领域。根据布卢姆的教育目标分类理论，结合我国的教育教学实际，新课程标准（简称新课标）分为知识与技能、过程与方法、情感态度与价值观等三个维度（如图 1-1 所示）。

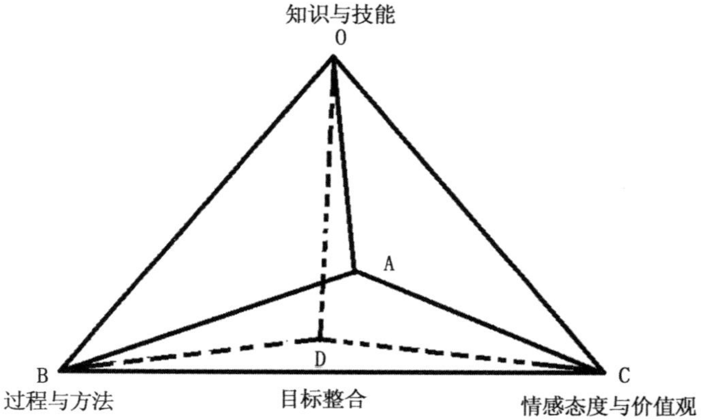

图 1-1　新课标的教育目标分类

（一）第一维目标：知识与技能

从广义上说，知识可分为陈述性知识和程序性知识。陈述性知识是指"是什么"的知识，即该学科所特有的事实、概念、规律、原理、定理等；程序性知识是指"怎么办"的知识，即关于技能的知识。在新课标中，知识主要是指陈述性知识，分为了解水平、理解水平和应用水平三个层次。技能包括动作技能和智力技能，动作技能包括肢体操作能力，如体育运动、理化实验等；智力技能是指运用概念和规则等在头脑中进行认知活动以获得能力的方式，如阅读、写作、逻辑推理等。新课标将技能分为模仿水平、独立操作水平、迁移水平三个层次。

(二)第二维目标:过程与方法

过程与方法的内涵可简单概括为“学会学习”,包括搜集和处理信息的能力、获取新知识的能力、分析和解决问题的能力以及交流与合作的能力。其重点是:(1)在获得基础知识与技能的过程中,提高学生的智力水平;(2)学生在学习的过程中,掌握一定的学习方法。目前较为热门的自主学习、合作学习、探究式学习、发现式学习、小组式学习、交往式学习等均属于过程与方法的范畴。

(三)第三维目标:情感态度与价值观

情感态度不仅指学习兴趣、学习责任,更重要的是乐观的生活态度、求实的科学态度、宽容的人生态度。情感目标包括理智感、道德感和美感三个方面。态度不仅表现了学生对事物的认知,还表现了学生的情感好恶以及相应的行为倾向。价值观目标主要是指对客观事物的价值判断。

(四)教学三维目标需要关注的问题

教学三维目标是一个教学目标的三个方面,它们是统一的不可分割的整体。但在实际教学过程中,经常会出现顾此失彼、相互割裂、“挂羊头卖狗肉”等问题。从在线教育的角度看教学三维目标,我们需要关注以下三点。

1.过度关注基础知识与基础技能

现有的K12在线教学形式,不管是公开课、可汗学院,还是短视频动画,其课程内容首先强调的是“知识与技能”,其次是“过程与方法”,而“情感态度与价值观”几乎是被忽视甚至是扭曲的。这也从一个侧面反映出在线教育从业者需要具备良好的基础教育素养。同时从长远来看,目前的题库类、课程类、资料类基础知识建设已经逐渐饱和,这些内容未来将成为在线教育领域的“水和电”,易得、价廉、标准是其基本特征。因此,在线教育不应仅仅停留和满足在“知识与技能”目标的建设上面,而应向具有更高附加值的另外两维目标发展。

2.在线教育赋予“过程与方法”目标更多的实际意义

在线学习是一种更为自主的学习方式,它对学生的信息获取、搜集、处理能力，独立分析解决问题能力以及小组交流合作能力均有更高的要求。在线教育时代，教师不仅要关注学生智力的提高，还要关注学生学习行为、途径和方式的变化，并提供行之有效的训练和引导。这对教师的信息素养也提出了更高的要求。

3. 从教学目标到教学评价的多元化

从基础知识与技能的掌握，到学习方法与能力的习得，再到情感态度的培养，教育三维目标的落实需要教育评价多元化的支撑。当我们评价教育是否有效时，不能再简单地用“成绩”“升学率”等单一指标来衡量，而需要一套全面的、综合的、结果与过程并举的多元化动态考核系统，这对于在线教育来说，既是机遇也是挑战。

四、在线教育

2015 年 3 月 5 日，李克强总理在《政府工作报告》中首次提出“互联网＋”行动计划，旨在推动移动互联网、云计算、大数据、物联网等新一代信息技术与现代制造业、生产性服务业等的融合创新，发展壮大新兴业态，打造新的产业增长点，为大众创业、万众创新提供环境，为产业智能化提供支撑，增强新的经济发展动力，促进国民经济提质增效升级。

教育这一传统行业在“互联网＋”的政策感召下，也在不断融合出新形态。那么我们如何定义在线教育？如何看待在线教育这一新兴事物？从媒介技术的角度出发，我们可以从以下四个方面来阐述在线教育。

第一，在线教育是产生在互联网这一媒介之上的行为。没有互联网，就没有在线教育这种新的行为方式。互联网影响了人们获取信息、思考理解与学习交流的习惯，因此对于社会来说，真正有价值的并不是新时代互联网传播的教育内容，而是人们利用互联网所开创的全新的学习方式。

第二，在线教育丰富的载体形式在不断延伸和放大学习者的感官能力。从书本到电视、电脑、手机等，在线教育拥有更多的载体形式，且不同的载体在内容展现上各有特点：电视作为大众媒体，更适合家庭教育，手机和平板电脑的便携性使其承载的内容更为碎片化。另外，书籍的稳定性与互联网内容的实时性相叠加，推动着数字出版这一复合模式的发展。在线教育在一定程度上实现了人在学习场景中感觉器官的延伸和放大。

第三，在线教育推动着教育的重组与革新。这一重组与革新涉及教育过程、教育参与者、教育评价方式等多个方面。教育的形式与内容作为一个统一体处在动态的变化之中。随着工业时代教育形式的逐渐告终以及在线教育的兴起，教育内容也将与时俱进。

第四，在线教育推动学习者进行主动学习，并在互联网社群中扮演不同的角色。在线教育的学习者在物理空间中将变得更为独立，而在网络空间中则与他人有更为紧密的联系。每一位学习者既是知识的探索者也是贡献者，既是学习空间的参与者也是建设者。学习者在网络空间的软实力，比如媒介素养将成为其未来发展的重要能力。

第二节　在线教育发展历程

一、教育与互联网的结合

信息时代，教育最显著的变革就是内容与载体、教与学之间的深度分离。这在人际传播时代是无法想象的，而在大众传播时代开始有所尝试，比如 20 世纪 80 年代，由于全日制高等教育资源不足，国家成立了中央广播电视大学（简称中央电大）以及地方各级广播电视大学，依托于卫星电视、计算机等技术，考生通过自学纸质教材、音像教材、多媒体课件、网络课程等进行学习，但收效甚微。

20 世纪 90 年代以后，随着计算机的日渐普及，基于多媒体技术和网络通讯技术的网校开始出现。随后，教育部批准了 68 所院校试点网络远程高等学历教育，每年有大约 40 万人通过网校学习，市场规模大概在 30 亿元人民币。网络远程高等学历教育机构以弘成教育集团和奥鹏远程教育中心为代表，前者已于 2007 年在美国纳斯达克挂牌上市，后者由 TCL 集团和中央电大合资创建。

2014年,国务院取消了网络远程高等学历教育的网校审批,从而能够开展此类教育的院校远不止68所。

除了高等学历教育外,中小学网校也异军突起。1996年,中国第一家中小学网校101网校成立,随后黄冈网校、北京四中网校等以名校挂名的中小学网校如雨后春笋般涌出。2003年"非典"时期,各地教委以开设"课堂在线"网络学习为开端,以广播教学、电视教学、网络教学的全面启动为标志,为各市中小学生开办"空中课堂"。然而,在爆发性增长后,中小学网校逐渐沉寂下来,后来的北大附中网校和清华附中网校分别被联想集团和清华同方战略收购。

2012年,慕课风潮吹入国内。教育与互联网的新一轮结合又一次从高等教育领域发端。此次教育与互联网的结合由互联网公司主导,以颠覆传统教育产业为使命,一批新兴的互联网公司将个性化、定制化、可视化、数据化等互联网新思维嵌入到教育产品中,推动在线教育的全新变革。在这次浪潮中,传统教育机构也开始谋求触网。另外,BAT(百度、阿里巴巴、腾讯)、出版集团、电信运营商等跨界巨头也纷纷将眼光投向在线教育领域,以求分得一杯羹。

在信息技术大革命的今天,教育从对学习者的规训与教化逐渐向为其提供支持和服务转变。在线教育的发展不能再走大众传播时代的老路,将从属于上一阶段的内容与下一阶段的载体生硬结合,而是要让新技术解放人们个性化的学习能力和天赋,帮助每个人成为更好的自己。在信息爆炸的时代,信息来源丰富而广泛,识记和背诵的地位逐渐降低,取而代之的是阅读、搜索信息的素养能力。教育不仅仅在于知识的获取,也在于对人的培养。从这个角度去看,学生在互联网环境中的信息素养能力对在线教育的发展及效果将产生重要影响。当我们开始沉浸在一个前所未有的互联网时代中,在线教育不再仅仅是新奇的工具,未来也不会囿于"辅助"的地位。学校应该积极探索如何在互联网环境中转型;教师应该适应在互联网环境中为学生提供支持和服务;而学生,应该逐渐学会如何在互联网环境中有效学习。①

① 魏忠.教育正悄悄发生一场革命[M].上海:华东师范大学出版社,2014:86.

二、K12 在线教育市场规模

从用户总量来看，随着我国幼儿园入园率的不断提升以及“十三五”期间高中教育的不断普及，K12 在线教育的用户规模将会进一步扩大。根据 2016 年《全国教育事业发展统计公报》，我国 K12 教育阶段约有 2.91 亿人，其中幼儿园阶段有6 335.95万人，义务教育阶段有 1.74 亿人，高中阶段有5 366.32万人（如图 1-2 所示）。[①]

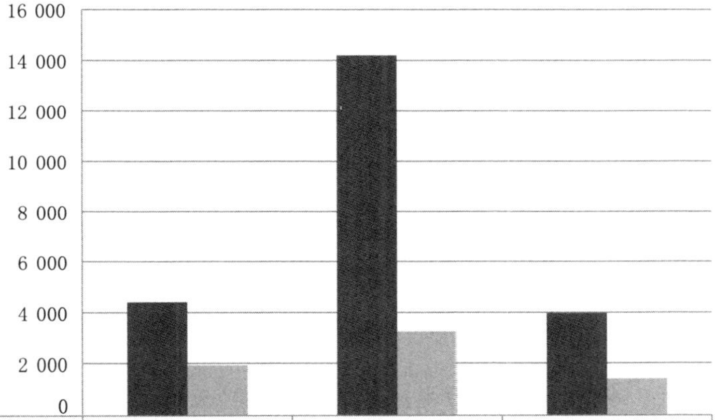

教育阶段	学前教育	义务教育	高中阶段
■在校（园）生	4 413.86	14 200	3 970.06
■招生	1 922.09	3 239.63	1 396.26
共计	6 335.95	17 439.63	5 366.32

图 1-2 2016 年我国 K12 阶段在校(园)生、招生人数(万)

根据 CNNIC（中国互联网络信息中心）发布的第 39 次《中国互联网络发展状况统计报告》[②]，截至 2016 年 12 月，中国网民规模达到 7.31 亿，其中，低龄（19 岁以下）群体占比为 23.4%，约 1.71 亿人。与 2015 年年底相比，10 岁以下低龄群体的占比有所提升（如图 1-3 所示）。

---

① 中华人民共和国教育部. 2016 年全国教育事业发展统计公报[R/OL]. (2017-07-10)[2017-08-31]. http://www.moe.edu.cn/jyb_sjzl/sjzl_fztjgb/201707/t20170710_309042.html.

② 中国互联网络信息中心. 第 39 次中国互联网络发展状况统计报告[R/OL]. (2017-01-22)[2017-08-31]. http://www.cac.gov.cn/2017—01/22/c_1120352022.htm.

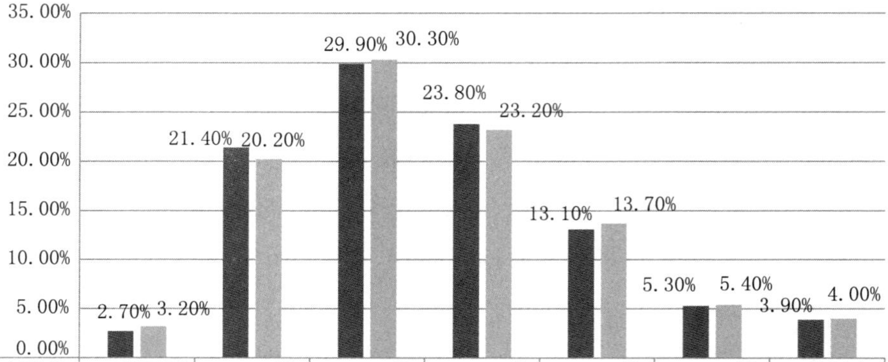

年龄段	10岁以下	10—19岁	20—29岁	30—39岁	40—49岁	50—59岁	60岁以上
■2015年	2.70%	21.40%	29.90%	23.80%	13.10%	5.30%	3.90%
■2016年	3.20%	20.20%	30.30%	23.20%	13.70%	5.40%	4.00%

图1-3　中国网民年龄结构

另外，根据CNNIC 2016年的统计数据，2014—2015年，中国网民对在线教育的使用率为16%，用户规模为1亿人左右。其中，中小学教育用户使用率最高，为37.7%，儿童早教用户使用率为10.7%。

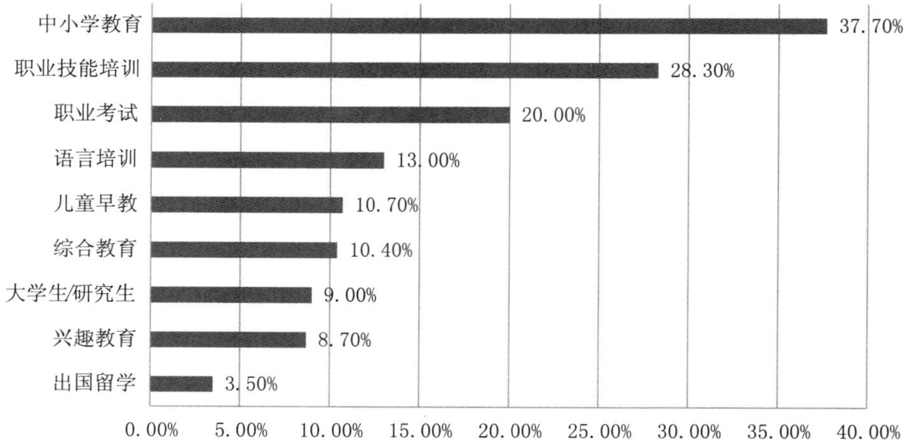

出国留学	兴趣教育	大学生/研究生	综合教育	儿童早教	语言培训	职业考试	职业技能培训	中小学教育
3.50%	8.70%	9.00%	10.40%	10.70%	13.00%	20.00%	28.30%	37.70%

图1-4　2014—2015年在线教育各领域用户使用率

第三节　K12 在线教育融资热点

与中小学阶段项目相比，学前教育阶段项目以儿童和家长为中心，围绕着“衣食住行”各个方面展开，教育在其中的占比相对较小。由于该阶段儿童不具备或具备较弱的选择权和决定权，因此这一阶段的互联网产品更注重家长群体，尤其是妈妈角色，从备孕、怀孕、生产到育儿都有相应的互联网产品来对接这一特殊群体的需求。在学前教育阶段，母婴电商、母婴社区、亲子游等与教育有着间接关系的领域的发展也值得我们关注。为了方便区分，本书将学前教育领域与在线教育行为直接相关的项目称为在线早教类项目。以下关于 K12 在线教育领域的融资分析主要针对的是学前教育领域中的在线早教类和中小学类项目。

一、融资总量

从图 1-5 来看，2012—2017 年 6 月，我国中小学在线教育融资总数为 495 起，其中在线早教类共有 128 起，中小学类共有 367 起，二者均是在 2015 年上半年达到高峰，从 2015 年下半年开始，在线教育投资市场趋于冷静。值得一提

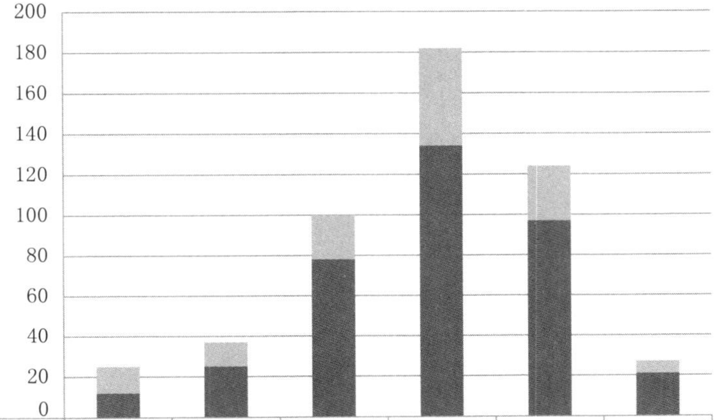

年份	2012年	2013年	2014年	2015年	2016年	2017年6月
早教	13	12	22	48	27	6
中小学	12	25	78	134	97	21

图 1-5　2012—2017 年 6 月我国 K12 融资总数(起)

的是，在线教育从2012年兴起，最初萌芽于高等教育领域，K12领域被资本追捧始于2013年。2014年和2015年，K12领域的融资量激增，2015年，我国“全面二孩”政策的放开将相关行业推向风口浪尖。教育这一巨大市场被各方所看好，在线教育产品也进行了从工具、平台到O2O(线上到线下)模式的不断探索。在内容上，早教领域的精细化内容变现和中小学领域的机器人、编程和创客教育值得我们关注。

总的来说，2014年是K12在线教育产品遍地开花的一年，2015年是K12在线教育最受资本追捧的一年。

二、融资轮次

从图1-6看，目前在线早教类和中小学类项目仍以天使轮和A轮为主，二者占比达到77%。值得注意的是，在线早教类的内容门户网站融资时间较早，宝宝树、妈妈网等已成功上市。中小学教育领域，猿题库、一起作业网、作业帮、轻轻家教等新模式的开拓者更多走向C轮，甚至E轮融资。

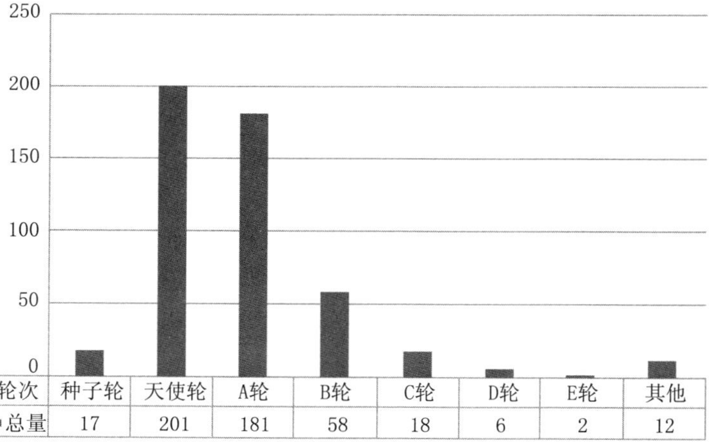

轮次	种子轮	天使轮	A轮	B轮	C轮	D轮	E轮	其他
■总量	17	201	181	58	18	6	2	12

图1-6　2012—2017年6月我国K12各轮次融资量

据粗略统计，在2012年之前拿到天使轮融资的在线早教类项目中，目前至少有9个已关闭或停止运营，这些项目主要是从事儿童教育内容的研发制作。

一方面，在线早教类内容的同质化程度和制作成本较高，这对于创业公司的制作实力和资金支持都提出了较高要求。另一方面，整个儿童市场都缺乏强渠道，在线早教类项目更是如此，内容的变现不仅周期长，而且强烈依赖既有的单一 IP(Intellectual Property，知识产权)，难以实现行业中的价值流通。由此可见，虽然这两年受到政策影响，早教领域再次被热炒，但相比“吃穿住行”等刚需领域，政策红利对在线教育的影响还十分有限。

三、成立地点

从图 1-7 来看，我国 K12 在线教育产品的地点仍集中在北京、上海和广东，三者占比达到 79%。相对来说，中小学类项目集中在北京的趋势更甚，有超过一半的项目在北京成立。因为我国教育资源高度集中，而这些项目都是内容资源密集型。值得一提的是，成立在上海的中小学类项目以在线家教平台为主，上海较高的教育质量和较强的用户付费能力有助于这类平台的发展。总的来说，解决国内教育资源不均衡是众多 K12 在线教育产品的发展根基，这使得在线教育项目倾向于教育资源丰富的一线城市。但随着成本的不断增加，更多项目开始选择南京、杭州、成都、武汉、福州等互联网环境相对较好的二线城市。

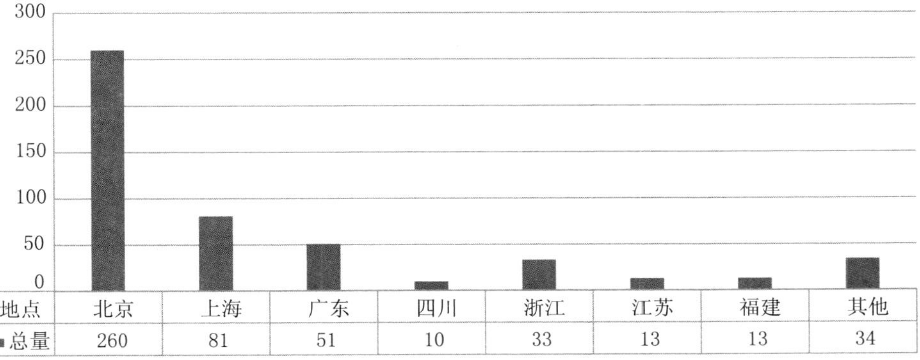

地点	北京	上海	广东	四川	浙江	江苏	福建	其他
■总量	260	81	51	10	33	13	13	34

图 1-7　2012—2017 年 6 月我国获得融资的 K12 在线教育产品地点

第四节 K12在线教育发展格局

一、教育信息化

教育信息化的概念是在20世纪90年代伴随着美国"信息高速公路"的兴建而提出的。美国的"信息高速公路"计划特别把信息技术在教育中的应用作为实施面向21世纪教育改革的重要途径。简单来说,教育信息化是指在教育领域(教育管理、教育教学和教育科研)全面、深入地运用现代信息技术促进教育改革与发展的过程。教育信息化的概念有着较为丰富的内涵,包括教育教学环境的信息化,实验室、图书馆、阅览室等基础教学设施的网络化,教育资源、课程教材的信息化,创建分布式、开放式、智能生成式的多种教育信息资源库,等等。其技术特点是数字化、网络化、智能化和多媒体化,基本特征是开放、共享、交互、协作。①

2004年,联合国教科文组织亚太地区"教师发展技术与教学整合能力标准"将信息技术在教育中的应用程度分为起步、应用、融合、创新四个发展阶段(如图1-8所示)。根据此划分,我国教育信息化发展正处于初步应用整合阶段。按照《教育信息化十年发展规划(2011—2020年)》中的目标,到2020年,我国教育信息化整体上要接近国际先进水平的融合创新阶段。

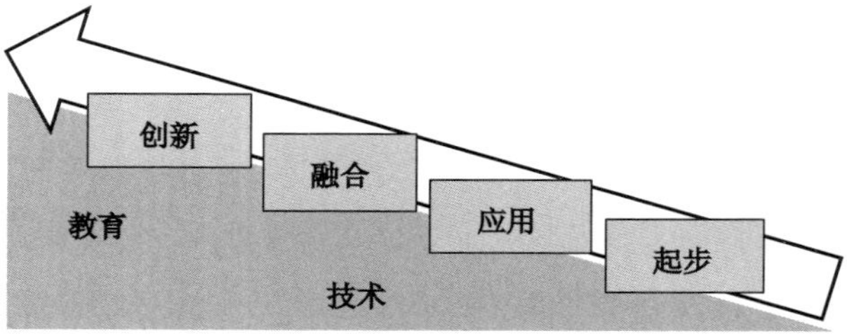

图1-8 教师发展技术与教学整合能力标准

① 规划编制专家组.解读教育信息化十年发展规划(2011—2020)[M].北京:人民教育出版社,2012:6.

另外，三好网的公开转让说明书简要总结了教育信息化在我国的三个发展阶段，如表 1-1 所示。

表 1-1　三好网关于我国教育信息化发展阶段的总结

阶段	萌芽起步 （从无到有）	初期发展 （从小到大）	深入发展 （从大到强）
时间	20 世纪 80—90 年代后期	2000—2009 年	2010—2020 年
基本特征	计算机教育的兴起	网络教育的兴起	普适计算机的兴起
主流媒体	个人计算机	多媒体计算机、互联网	电子书包、移动无线设备
主导理论	行为主义学习理论	构建主义学习理论	混合学习理论
热点	教学计算机、计算机辅助教学	建网建库建队伍、网络教学模式	泛在学习、非正式学习

根据计世资讯《2015 年中国教育行业信息化建设与 IT 应用趋势研究报告》的数据①，我国教育信息化建设从“十二五”规划开始进入收官阶段，2013—2015 年，教育行业信息化的投入呈持续增长态势，但受到国内宏观经济环境影响，教育信息化投入的增长速度今后可能有所放缓（如图 1—9 所示）。

在我国，基础教育领域的信息化始于 2000 年，目前已进入第二阶段。第一阶段为 2000—2008 年，主要完成软硬件设施建设，并开展计算机辅助教学实践，多媒体技术进入课堂，教师上课开始使用 PPT 课件和投影。第二阶段为 2008 年至今，主要关注的是信息和信息技术在教育教学中的应用，目前已建成大量的教育教学资源，包括题库、资料库、精品课、网络课程等。除此之外，这一阶段的教育信息化建设还关注教学模式的深度变革，希望通过信息技术来改变传统的教学和课堂模式。

未来，信息技术对教育的变革将体现在以下几个方面。

（1）课程表现形式日趋数字化，教育资源日益丰富化、便捷化和共享化；

（2）课堂教学从“教”向“学”转变，课堂走向参与式、讨论式和交互式；

① 计世资讯. 2015 年中国教育行业信息化建设与 IT 应用趋势研究报告[R/OL]. (2015-01-27)[2017-08-31]. http://www.ccwresearch.com.cn/report_detail.htm?id=262145

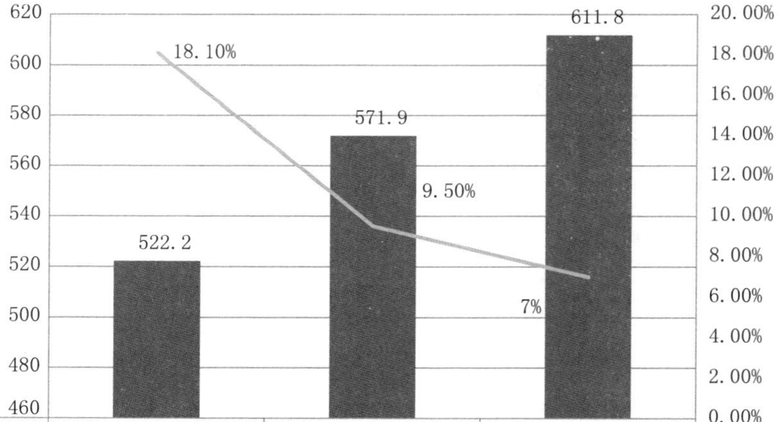

年份	2013年	2014年	2015年
市场规模（亿元）	522.2	571.9	611.8
增长率	18.10%	9.50%	7%

图 1-9 计世资讯关于我国教育行业信息化投入态势图

(3)学生由被动学习向主动学习转变，学生信息素养成为互联网时代的基本能力；

(4)借助信息技术，可能出现跨越地域、种族和国家的全球学校；

(5)教学评价从静态走向动态，从单一走向多元，从结果走向过程；

(6)学校行政工作和教学中可标准化部分将交由信息技术处理，教师的工作内容将更加专一；

…………

《教育信息化十年发展规划(2011—2020 年)》提出我国基础教育阶段的目标：缩小数字化差距，推进信息技术与教学融合，培养学生信息化环境下的学习能力。2012 年 9 月，刘延东同志在全国教育信息化工作电视电话会议上明确提出："十二五"期间，要以建设好"三通两平台"为抓手，也就是"宽带网络校校通、优质资源班班通、网络学习空间人人通"，建设教育资源公共服务平台和教育管理公共服务平台。

（一）宽带网络校校通

“宽带网络校校通”不仅包括基本解决各级各类学校的宽带接入条件，还包括基本完成各级各类学校网络条件下的基本教学环境建设。通过“政府投资建设，企业运营维护，学校持续使用”的建设方式来保障宽带网络的正常使用。

根据教育部科技司发布的《教育信息化工作月报》①，截至 2015 年第四季度末，全国中小学（除教学点外）中，87.1%的学校实现网络接入，其中实现 10M 以上宽带接入的学校占 52.4%，配备多媒体教学设备普通教室 310 万间，占普通教室的 82.9%，79.7%的学校至少拥有一间多媒体教室；34.8%的学校建有校本资源，42.1%的学校实现全部班级应用数字教育资源开展教学；全国各级各类学校中，师生实名空间开通数量增加到5 822万个，超过 36.5%的学校开通了学校空间，483.6 万名教师利用空间开展网络教研，352.2 万名教师利用空间开展课堂教学。

（二）优质资源班班通

“优质资源班班通”的根本目的是推进信息技术在教学和教研活动中的普遍应用。它包含三类课堂的建设：“专递课堂”“名师课堂”“名校网络误堂”。“专递课堂”是指利用网上同步上课的方式，使边远地区上不齐课、上不好课的农村学校与拥有相对丰富教育资源的城市中心学校同上一堂课，共享优质教育资源，提高教学质量；“名师课堂”是指组织特级教师、教学名师开设网络课堂，形成更多、更好的优质网络教育资源，探索网上教研活动的组织形态，使名师资源得到更大范围的共享；“名校网络课堂”是指利用网络课堂的形式，使名校丰富的教育资源更多、更广地扩散，让更多的学生受益。

（三）网络学习空间人人通

“网络学习空间人人通”的网络学习空间首先是以提高教师素质、教学质量

① 中华人民共和国教育部科学技术司．教育信息化工作月报[R/OL]．（2016-01-29）[2017-08-31]．http://www.ict.edu.cn/news/n2/n20160129_31640.shtml.

为目的，以教师、学生、家长为服务对象的一个网络化社交平台；其次是一个具有汇聚优质资源能力的“资源超市”；再次是一个使教师尽快提高信息技术应用能力的服务平台；最后，它还是一个针对学校、教师和学生的管理平台。

（四）教育资源公共服务平台

教育资源公共服务平台的建设实际上是一个云服务体系的建设，其顶层为国家教育资源公共服务平台，因此要避免低水平的重复投资建设，逐步形成统一的基础逻辑架构，使各地的服务平台及网络学习空间能互联互通、共建共享，以保证资源的快速流动和广泛共享。

截至2016年12月底，国家教育资源公共服务平台共开通教师空间468万个、学生空间312万个、家长空间274万个；组织各规模化应用试点地区的学校和教师自主进行教育资源选购，支持教师利用国家平台开展教育教学活动；完成2015年“国家教育资源公共服务平台和资源中心建设”项目招标。“中国梦—行动有我”中小学生微视频征集展播活动已上传2.2万余件作品，1.9万件作品通过初审；学科德育精品课程展示活动已有1.8万所学校参与、上传3万余件作品；评选出专题教育学习网站252个，立项建设“创新教育与职业发展实践社区”等55个精品专题教育社区。

（五）教育管理公共服务平台

教育管理公共服务平台建设的首期目标是为教育管理公共服务提供准确的数据。平台建设的基本构思是“两级建设，五级应用”，通过应用系统收集和汇总数据。

在基础教育领域，2015年8月以来，全国中小学生学籍信息管理系统成功完成新一年业务高峰处理工作：共计12 533万例升级、3 795万例招生、322.6万例省内转学和77.2万例跨省转学。全国学前教育管理信息系统在31个省市完成部署，已采集2 100万在园幼儿信息。

在教育信息化发展方面，国外的一些做法也值得我们借鉴。美国的中小学在线教育以向学校提供产品和服务为主。它们与各个中小学校进行合作，为其提供内容、渠道和技术的综合一站式运营服务方案，所有费用也都是面向学校端收取的。知名的K12教育服务商包括K12国际教育、Connection Academy、White Hat Management等，美国在线教育市场份额有近一半是基础教育。

进入21世纪以来，美国教育部提出了三个教育信息化计划。

2000年，美国教育部提出了“数字化学习：让所有的孩子随时随地都能得到世界一流的教育”计划。该计划关注信息技术设备在教学和学习中的实际利用率，支持和鼓励学生在教室、学校、社区及家庭中随时随地应用信息技术，并开始注意规范教师培训。

2005年，美国教育部提出了“迈向美国教育的黄金时代：因特网、法律和当代学生变革展望”计划，明确提出要确保每个教师懂得运用信息化技术开展差异化教学，建立技术改革基金，鼓励教育界与商业界构建技术合作伙伴关系等。

2010年，美国教育部提出了“变革美国教育：技术助力学习”计划。该计划提出了一个学习模式：技术通过提供参与式的环境和工具，帮助学习者理解和记忆学习内容，从而支持他们的学习。①

中国台湾地区称教育信息化为资讯教育。为推进资讯教育的发展，台湾地区专门成立了资讯教育发展领导机构，并制定了资讯教育战略规划和白皮书。1986—2013年，台湾地区推出了20个促进资讯教育发展的政策法规，内容涉及电脑教学、教学软件、网络建设、人才培养、学习社会、远程教学、教师资讯素养、数字化学习等多个方面。②

除此之外，英国教育传播与技术管理局，韩国教育广播系统、韩国教育科研信息服务中心也在21世纪推出了一系列推动国家教育信息化的政策。与中国相比，这些国家和地区的教育信息化起步更早，发展程度也更为深入。

二、培训机构

中国教育市场可以简单划分为体制内和体制外两个部分，其中，体制外市

---

① 规划编制专家组．解读教育信息化十年发展规划(2011—2020)[M]．北京：人民教育出版社，2012：8.

② 王运武：中国台湾地区教育信息化战略规划及其启示[J]．中国电化教育，2014(4)：48-55.

场主要由上万个大大小小的教育培训机构组成。2004 年,《民办教育促进法》与《民办教育促进法实施条例》颁布,国家开始允许培训学校的投资获得适当回报。这一变化成为中国教育产业资本化的开端。新东方、好未来、学大等机构纷纷走向上市,但这并没有解决线下教育成本增加、优秀教师稀缺、招生困难等问题。于是,向线上转型成为众多线下培训机构的共识,尤其在 2012 年之后,在线教育的风潮不断吹向 K12 领域,线下培训机构是否能够成功完成线上华丽的转型仿佛已经成为关系其生死存亡的关键点。2014 年年初,YY 教育挖角新东方名师,双方“骂战”将培训机构的线上转型推向高潮。

时间继续推移,当初激进者们“颠覆新东方”的想法在今天还没有实现,或者说仍在缓慢地进行。更重要的是,K12 领域的在线教育在经历两年快速发展后削去了初出茅庐时的棱角,取而代之的是合作共赢和抱团取暖。当初被放在风口浪尖上的教育培训机构也在用不同方式拥抱在线教育。2015 年大热的 O2O 给教育培训机构提供了新的思路,在保有线下优势的同时,通过线上与线下的深度结合来继续前行可能是最为温和的“变革之路”。相比体制内市场,体制外的教育培训机构在互联网面前更为灵活和敏感,当大批在线教育产品开始和教育培训机构一同挤占学生本就稀少的课余时间时,竞争再一次升级。

(一)好未来

好未来线上业务的布局主要有两方面:一方面是业务在线化,用来辅助和配合线下业务发展,包括学而思网校、家长帮、乐外教、海边直播以及一系列入口网站,如中考网、高考网、作文网等;另一方面是通过投资、并购和控股来填补线下业务链条。在这方面,好未来的思路较为清晰,所投项目与既有业务的整合度较高,比如母婴领域有宝宝树、小伴龙、宝宝巴士,中小学教育领域有学科网、作业盒子,素质教育领域有嘿哈科技等。

表 1-2　好未来的投资、并购项目

投资时间	项目	项目定位	金额	轮次
2012.3.1	北京世纪明德教育	体验式服务，包括夏令营、游学等	1 500 万人民币	种子天使
2013.3.1	多贝网	职业技能网络视频公开课	308 万美元	A 轮
2013.12.1	考研网	考研资讯类网站	850 万美元	并购
2014.1.1	芥末堆	教育行业资讯类网站	数百万人民币	种子天使
2014.1.1	宝宝树	垂直母婴网站	1.5 亿人民币	战略投资
2014.6.18	环讯科技	国内外教云平台，提供外教资源	——	种子天使
2014.7.24	硅易科技(易改)	为教育培训从业者提供技术服务	数千万人民币	A 轮
2014.8.1	GMAT 加分宝	GMAT 学习	300 万美元	A 轮
2014.9.29	硬创邦	智能硬件和创客服务	——	Pre-A 轮
2014.10.15	The Minerva Project	创新型大学教育机构	7 000 万美元	B 轮
2014.10.28	鲨鱼公园	儿童素质教育	数千万人民币	A 轮
2014.10.30	小木虫	学术科研类社区网站	——	并购
2014.11.28	奇迹曼特	职业类数字艺术培训网校	数千万人民币	A 轮
2015.2	LocoMotive Labs	游戏化学习 App	400 万美元	A 轮
2015.4	嘿哈科技	幼儿教育软件开发	——	天使轮
2015.5	轻轻家教	家教网站	数百万美元	战略投资
2015.5.11	高考派	高考志愿填报网站	——	并购
2015.5.13	半糖	生活良品类电子商务平台	数百万人民币	种子天使
2015.5.25	小伴龙	幼儿知识教育类软件	数千万人民币	B 轮
2015.6.12	顺顺留学	C2C 顾问类留学平台	1 800 万美元	A 轮
2015.6	轻轻家教	家教 O2O	1 亿美元	C 轮
2015.7	作业盒子	智能作业产品	1 000 万美元	A 轮
2015.7.10	斗词	有偿竞技类背单词平台	数百万人民币	种子天使
2015.9.21	励步少儿英语	少儿英语培训机构	——	并购
2015.1	学科网	教育资源门户	3 000 万美元	战略投资
2015.11.2	宝宝巴士	学龄前儿童教育软件	4 000 万人民币	B 轮
2016.1.20	Knewton	自适应教育评测技术	——	战略投资

(二)新东方

新东方进行线上尝试的时间很早。2000年,新东方在线上线,与联想进行合作发展,但在发展过程中,双方发生分歧,联想最终在新东方在线的股份由50%降到10%。2005年,新东方迅程网络科技有限公司成立,新东方在线开始独立发展,并上线了大批职业教育、留学教育、语言学习等在线课程。随着2012年在线教育的兴起,新东方在线这类传统的网校也面临着转型。

留学业务是新东方的根基,名师是新东方的招牌。在在线教育时代,新东方始终紧抓自己的核心业务,不仅推出了留学交友社区,还投资了时差网、决胜网、斯芬克、异乡好居等与留学相关的项目。另外,中小学市场也是新东方感兴趣的目标。虽然2014年新东方深陷名师出走的危机中,但其还是通过与腾讯达成合作并推出针对中小学作业答疑的优答App赚足眼球。

新东方在线旗下的早教品牌多纳推出了一系列的教育App,并延伸至数字教材、图书出版等领域;旗下酷学网专注于各类直播课程,其中包含中小学直播课;旗下新东方教育云平台通过技术手段提供教育信息化解决方案。同时,新东方在2015年成立数字学习事业部,关注电视端、移动端教育。

除此之外,2013年成立的新东方全资子公司北京点石经纬科技有限公司担负着为教育主管部门、全日制学校和培训机构等提供教育信息化解决方案的任务。2014年,新东方另一个全资子公司乐词网络科技(北京)有限公司成立,并推出背单词App乐词。

新东方曾经作为一个时代标志而存在,但在互联网面前,这一标志在不断被挑战。相比来说,新东方的在线教育尝试相对较浅,包括和腾讯的合作也是如此。另外,新东方在投资方面的脉络不是非常清晰。但不论如何,变革都在继续。

表 1-3　新东方及洪泰基金①投资、并购项目

投资时间	项目	项目定位	金额	轮次
2015.1	童伴教育	专注亲子服务的软硬件平台	500 万人民币	天使轮
2015.9	悦迪胎教亲子馆	主打胎教亲子教育服务机构	数百万人民币	种子天使
2015.9	面包求职	针对商科大学生求职辅导平台	数百万人民币	种子天使
2015.10	同龄圈	一站式怀孕育儿管家服务	500 万人民币	种子天使
2015.10	好家长	家长辅导孩子的“工具+社区”	600 万人民币	天使轮
2012.10	童石网络	青少年动漫原创品牌	数千万人民币	C 轮
2014.1	时差网	留学服务第三方网络平台	——	并购
2014.1	湖南万婴连锁幼儿园	幼儿园机构	——	并购
2014.3	达内科技	IT 技术培训机构	1 350 万美元	F 轮　Pre IPO
2014.7	优答	拍照解题 App	3 000 万人民币	A 轮
2015.1	斯芬克	为国内高中生留学英美艺术院校的一站式留学服务	——	A 轮
2015.3	口语 100	针对学校的语音听说作业系统（英语）	数千万人民币	B 轮
2015.3	决胜网	一站式在线海外留学服务	数千万人民币	B 轮
2015.4	嘿哈科技	幼儿教育软件开发	——	天使轮
2015.4	乐博乐博机器人	机器人教育培训	——	战略投资
2015.5	寓乐湾	K12 素质教育 O2O	数千万人民币	B 轮
2015.7	异乡好居	海外租房买房服务	1 500 万人民币	Pre-A 轮
2015.9	童伴教育	专注亲子服务的软硬件平台	1 000 万人民币	A 轮
2015.9	动吧体育	文体类 O2O 资源整合平台	3 000 万人民币	A 轮
2015.10	乐乐课堂	K12 在线学习网站	2 000 万美元	B 轮
2015.12	童伴教育	专注亲子服务的软硬件平台	4 500 万人民币	A 轮

① 洪泰基金由俞敏洪和盛希泰于 2014 年 11 月共同发起成立。

(三)学大教育

与新东方和好未来相比,学大教育在投资并购方面显得较为低调。学大教育在在线教育方面更多选择了内部的整合和由内而外的生态系统建设,最主要的成果是 e 学大。

2014 年 4 月,学大教育发布了个性化智能辅导系统 e 学大。e 学大的核心是 ASPG(Assessment 评测、Self Study 自学、Pinpoint 定位、Guiding 辅导),通过教师、家长、学生和学管师四个角色的互动,构建一个闭环教育生态系统。

A 代表评测,老师可以给学生布置作业,并实现情况监督和评测跟进;S 代表自学,即在 e 学大系统的引导下,通过系统内部的微课程、试题库、知识点等资源帮助学生进行自学和自测;P 代表定位,即系统可以根据学生的个性化行为数据来帮助老师备课,并对学生进行有针对性的讲解;G 为辅导,学生可通过 e 学大的在线老师获得线上与线下相结合的辅导。

表 1-4 学大教育投资、并购项目

投资时间	项目	项目定位	金额	轮次
2012.6	蔚蓝国际教育	提供留学、游学、模拟联合国会议等服务	296.1 万美元	收购 60%股权
2012.7	励步英语	少儿英语培训机构	476.8 万美元	购买 127.2 万优先股
2014.7	西奈山国际教育	学术能力评估测试	161.3 万美元	购买 25%股权
2015.2	阳光兔	与 360 公司合建的在线教育科技服务公司	290.4 万美元	占 55%股权
2015.3	极客大数据	中小学考试技术服务公司	83.5 万美元	收购 19.5%股权

(四)高思教育

除了教育培训机构的三大巨头外,高思教育也在积极孵化和布局在线教育业务,并在 2014 年 3 月成立了北京乐乐高尚教育科技有限公司,旗下在线教育产品主要为乐乐课堂和乐乐作文,并在 2015 年成功拿到三轮融资。2015 年 9 月,新东方领投了 B+轮,共计 2 000 万美元。

乐乐课堂是小学奥数在线课程网站，主要提供以知识点为主线的短视频；乐乐作文是针对K12阶段的作文网站，有移动端App，提供作文素材、作文批改等内容。乐乐课堂和乐乐作文和业内多家在线教育企业有合作：与科大讯飞合作，作为教学视频内容的主要合作伙伴入驻科大讯飞的在线教育平台智学网；与芒果TV合作，乐乐课堂的小学奥数视频入驻芒果TV互联网电视端；与阿凡题、爱考拉、作业通、我要当学霸合作，将乐乐作文的内容嵌入其App中。

除此之外，高思教育还发布了爱学习O2O学习平台。

三、出版社

众所周知，教育出版是出版业的支柱。据《2017年全国新闻出版业基本情况》统计，2017年，我国教材品种占总品种的20%左右，但教材印数占总印数的42%左右。相比指定出版的教材，中小学教辅市场更为繁荣和复杂，而这两者是教育过程中不可或缺且绝对重要的组成部分，在中小学市场，学校、老师、学生和家长对于教材以及教辅的重视程度非常高。

教辅书根据与教材配套的程度不同，分为同步类教辅和非同步类教辅；根据形式不同，分为软教辅、硬教辅和数字教辅。其中软教辅主要以期刊、报纸的形式出现；硬教辅即传统的教辅图书，紧密贴合教材及考试；数字教辅是以数字技术为载体的教辅，以满足学生个性化的需求。在2001年"新课改"之后，"一标多本"的政策大大刺激了教辅市场，导致教辅市场出现了膨胀式发展。2011年和2012年，《关于进一步加强中小学教辅材料出版发行管理的通知》《关于进一步加强中小学教辅材料使用管理的通知》《关于加强中小学教辅材料价格监管的通知》三个政策连续出台之后，教辅市场出现了一些震荡和整合。

2016年2月，在《教育部基础教育二司2016年工作要点》的通知中，教育部基础教育二司提出了"加强教材建设与管理"的工作要点："抓紧义务教育品德、语文、历史后序册次教材编写、修订和审查，全面融入社会主义核心价值观教育，加强中华优秀传统文化、革命传统教育等内容，编写法治教育专册教材。组织开展新编三科教材使用工作，做好教材宣传、解读，开展教师培训，提升育人效果。启动普通高中教材修订工作。印发《中小学教材管理办法》,抓好组织实施工作。研究制订《中小学教材管理办法实施细则》。”

值得注意的是:第一,由于《著作权法》中对于中小学教材的定位不甚清晰,因此教材与教辅之间的侵权纷争不断,职能部门主要围绕着盗版和违规印刷进行处罚。出版社作为重要的内容提供商,涉足在线教育后不仅可以提升其专业性,还可以减少内容版权的滥用,未来像互联网音乐与视频领域的内容授权将会在教育领域逐步发展和普及,这有助于在线教育行业健康有序发展。第二,中小学教辅市场主要掌握在民营出版企业手中,且利润颇高。知名的曲一线、金星、志鸿、星火等民营出版企业长期通过租用国有出版社书号来进行教辅发行。国家政策和出版改革对民营教辅出版企业的影响是巨大的,数字化转型可能会对所有出版社的长远发展提供多一重保障。第三,中小学在线教育行业经过两年的高速发展之后开始关注内容的重要性,同时,通过出版社渠道打入体制内市场也是众多在线教育企业期盼的发展模式。目前,教辅出版数字化转型有如下几类尝试。

第一,数字化增值出版。

传统的纸质出版提供的是标准、稳定、线性的出版物,不足之处在于难以提供及时、个性、非线性的更新。通常,教辅出版社会将一部分内容资源转化为数字资源来做纸质出版物的增值。从载体来看,数字化增值出版经历了随书光盘、随书卡片、随书会员激活码等形式;从形式来看,数字化增值出版最初主要为音频、视频,用以补充纸质出版物的文字内容。随着互联网的发展,音频、视频、图片、文本等多种媒介形式都开始出现在数字化增值之中,对纸质出版物的补充与拓展越来越丰富。

二维码的出现不仅丰富了数字增值的载体形式,也拓展了其服务内容。纸质教辅出版物通过在每一道题旁边印刷相应的二维码,就能够将丰富、可更新的在线资源输送给学生用户。与之前的载体形式相比,二维码实现了数字增值与出版物本身的融合。从形式来看,二维码具有更强的延展性,不仅可以直接承载增值内容,还可以提供更具交互性的服务,比如实时在线的真人答疑与辅导。相较于之前教育出版社自己提供数字化增值服务,二维码推动了在线教育产品与教辅出版物的合作：由在线教育产品提供数字化增值服务和相应技术，教辅出版物提供到达用户的渠道和平台。例如题谷教育已为多家出版社提供二维码背后的数字资源；教辅巨头曲一线与拍照搜题应用阿凡题达成了合作，等等。

除此之外，教辅出版社通过网络平台搭建教育资源数据库也是数字化增值的一个方向。教育资源数据库有助于内容的重复利用和个性化重组。通过将纸质内容进行在线化、结构化拆分，标签标注、分类管理，数据库可存储颗粒更为精细的教育资源，包括知识点、试题、图片、讲解等。这些内容颗粒不仅可以在个性化需求下快速定制重组，也更方便根据市场动态来打包、组建新的产品。中南出版传媒集团通过与华为的技术合作，与天闻数媒、江西金太阳的资源合作，推出了区域云、智慧校园、云课堂等产品。另外，人民教育出版社、江苏凤凰出版传媒集团、黑龙江教育出版社等都在教育资源数据库方面进行了发力。

第二，移动互联网出版。

智能手机和移动互联网的发展给教育提供了全新的空间。截至2015年12月，我国手机网民规模达6.2亿，占比提升至90.1%，手机依然是拉动网民规模增长的首要设备。无线网络Wi-Fi覆盖率明显提升，网民使用率达到91.8%。移动互联网发展初期，教辅出版主要通过电信运营商的包月定制彩信服务来切入，比如早年华东师范大学出版社推出的“中考加油站”彩信服务。这一模式借助电信运营商的庞大用户基数而得到了用户量的保证，出版社在其中扮演的是CP(Content Provide，内容提供)角色，但CP在整个收入分成中所占比例很小，尤其是那些非强势的出版社和内容，CP分成可能不到10%。随着移动互联网的发展，App日益成为内容与用户之间的通道。部分教辅出版社瞄准这一契机，整合自身内容推出系列教育App。比如英语周报通过与科大讯飞合资成立的安徽飞英数媒教育科技有限公司推出服务于学校、学生和家长三方的在线教育平台智学网；人民教育出版社也推出了针对口语学习的人教口语App。

除了教辅出版的移动互联网尝试，移动端教育产品也在积极主动地向出版业靠拢。2015年年底，百度高考App(前身是百度觅题)宣布将在2016年年初发布新版，新版App的最大特点是和纸质教辅书进行联动，而这本纸质教辅书是百度高考与金太阳教育研究院共同合作出版的。用户在教辅书上作答并拍照上传到百度高考App后，App会自动识别手写字迹并给出正误判断和知识点雷达图，再根据用户能力向其有针对性地推荐教辅书中难度适宜的试题（教辅书中试题分为易、中、难三档，有标注）。用户做错的题系统会自动收入错题本，用户也可以扫描纸质教辅书上的二维码来查看该试题的相关易错题。这一模式为在线教育产品与教辅出版社的深度结合提供了新的思路：App作为数据处理中心，指导学生个性化地使用教辅书，并随之改变了以教辅书为主体，互联网生产的内容只作为数字化增值服务的状态。

第三，硬件合作。

教辅出版与硬件合作的模式虽然看似行得通，但在国内实际成功的案例较少。不管是最初的电子书包项目，还是后来的点读机、学习机、学习平板，出版社在这方面的尝试显得较为保守。但这样的尝试在国外已经有成功的案例：21世纪初，新加坡最先在学校推广电子书包，发展到今天已经比较成熟。韩国的电子书包项目由政府牵头，通过补贴出版社促使其为纸质书配备数字资源。在国内，电子书包项目已经在北京、上海、广州等地试点多年，出版社在电子书包项目中负责内容的开发，并与硬件厂商、软件提供商、渠道商等进行协作，但教学效果仍存在争议，且由于权责不明等问题，电子书包项目至今都没有走出一条通畅的产业之路，一些地方的电子书包项目甚至已经叫停。

在硬件合作方面，还有一些不太成功的案例。多年前，步步高、好记星、文曲星、诺亚舟等厂家推出的电子词典产品风靡一时，并引领了ELP（Electronic-Learning Products，电子学习产品）市场的新发展，电子词典和学习机成为ELP市场中的两大主力。近年来，更新换代之后的针对低龄儿童的点读机、学习机产品再度吸引了家长和学生的眼球。这类产品的内容大多没有经过正规出版社的授权，而是通过自建教研团队，并与名校合作的方式来获取内容。虽然这些产品有同步教材和资源的功能，看似与出版社达成版权合作，但实际上却游走在侵权边缘。

除此之外，网龙旗下的华渔教育推出了教育平板“101同学派”，北教传媒旗下的跨学网推出了教育平板“跨学派”。北京师范大学出版社也推出了点读笔

“优优英语”系列，旨在启蒙儿童英语学习，但在市场上反响还是不如诺亚舟、读书郎一流。在出版社与硬件合作方面，恐怕还需要解决中小学教材数字版权和内容分成问题后，才能迎来真正的春天。

第四，在线教辅。

除了通过合作与提供增值服务来切入在线教育，出版社也在主动进行在线教辅的尝试。与数字化增值不同，在线教辅首先在地位上并非单纯是纸质出版物的辅助，而是有一套线上的“组合打法”：将不同的产品形态组合成为一个较为完整的在线教辅生态系统。它不仅兼具线下纸质教辅的内容，还提供更为丰富的拓展功能，这是出版社较为深度的布局和变革。比如，人民教育出版社的数字化教辅资源包括人教教学资源网、畅读点读笔、易写教学系统（针对书法、笔顺、美术教学等，电子笔直接在纸上操作然后可以同步呈现在大屏幕上）、全文图像库、教师网络培训和服务平台教材配套资源、学生网络培训课程和地面培训课程、人教口语 App、人教数字教材老师版和学生版（包括听读、听写功能）。这些资源不仅能够替代线下纸质教辅，还提供了比纸质教辅更人性化、个性化的交互体验。

民营教辅出版企业方面，金星集团旗下公司易全解推出了“书联网智能教辅”的新模式。模式分为三大部分：第一部分为智能教辅，包括配套教科书、答题卡、App 和智能作业本；第二部分为大数据诊断学习，包括作业测评、错题归纳、智能分析和知识点掌握分析；第三部分为个性化学习，包括知识卡片、微课、易师 1 对 1 服务，针对学生、家长和老师三方，还有作业批改功能。易全解目前已经和步步高、快乐学、名博教育、科大讯飞、天闻数媒、洪恩等公司开展了合作。

四、互联网巨头

除了 BAT 以外，网易、小米、新浪等互联网公司也对在线教育抛出了资本的橄榄枝。但受制于各企业的基因，互联网巨头在跨界进入在线教育，尤其是 K12 在线教育时并没有“一针见血”，而主要是通过投资、并购、扶植导流等方式来进行战略布局，同时也在内部孵化一些教育项目。

（一）百度

作为互联网流量的集散地，百度在教育领域的布局也紧紧围绕着流量展开。百度在在线教育方面的布局主要着眼于中小学领域和职业教育领域。CNNIC的数据显示，中国网民年龄结构中，10—29岁的网民数量占比达到51.3%。这一互联网主力军在不同层次和方向上还有教育的需求。

在百度文库和百度教育基础上，百度内部孵化了两款针对中小学生的教育App：作业帮和百度高考。这两款产品在吸引用户流量的同时也在对百度进行着流量反哺。2015年年底，在作业帮脱离百度独立运营之后，百度公布了其在教育领域布局的两大方向：(1)职业教育方面，成立以百度传课为重心的百度教育事业部，主要面向18—30岁的学习者，为其提供综合型平台服务。同时，面向教育机构推出“光合计划”，帮助教育机构在百度平台上生存与发展。(2)依托百度文库事业部，通过分别针对学生和老师群体的百度高考、文库优课两款产品深耕中小学领域。

表1-5　百度投资的教育项目

投资时间	项目	项目定位	金额	轮次
2013.6	传课网	在线教育课程平台	1 000万人民币	B轮
2014.7	传课网	在线教育课程平台	——	收购
2014.4	沪江网	语言学习门户	8 000万美元	C轮
2014.7	万学教育	针对大学生的教育机构	数千万美元	C轮
2014.8	智课网	在线留学考试网站	1 060万美元	A轮

（二）腾讯

腾讯的天然基因是社交，虽然现在微信的势头正劲，但K12在线教育的用户主要还是盘踞在QQ的阵地。从腾讯在教育领域的投资可以看出，其关注点越来越向K12领域倾斜。腾讯在自身即时通讯软件上也在不断增加教育元素，并把矛头直接对准课堂教学和学校办公。

2015 年 7 月，腾讯推出以校园号为载体的 QQ 智慧校园，涵盖学校的信息安全、校园管理、校园生活、教务教学等方面。随后，腾讯又以微信为基础，发布腾讯智慧校园，旨在为各类学校提供的一体化互联网智慧解决方案，分为幼儿园版、中小学版、高校版三个版本。

2015 年 11 月，腾讯推出“QQ 家校 · 师生群”，主要针对老师、学生和家长的在线作业场景：老师可以发布语音、图片、视频、文字等多种形式的作业，家长与学生用手机接收作业，并在线作答提交。在作业内容上，“QQ 家校 · 师生群”接入了第三方题库，包括易题库、批改网、学习宝、全通教育旗下的慧英语等。

“QQ 学校 · 师生群”有三大功能：第一是能够把学校内需要连接的工作做得更好；第二是连接人与服务，成为老师、家长与服务之间的连接器；第三是在信息连接的基础上，对数据进行记载，记录学生的学习数据并辅助老师的教学工作。

表 1-6　腾讯投资的教育项目

投资时间	项目	项目定位	金额	轮次
2014.7	优答	拍照解题 App	3 000 万人民币	A 轮
2014.8	跨考教育	综合教育公司	3 000 万人民币	B 轮
2015.1	易题库	K12 智能题库	数千万人民币	A 轮
2015.4	宝宝助手	亲子育儿软件	数百万人民币	天使轮
2015.6	疯狂老师	家教 O2O 平台	2 000 万美元	B 轮
2015.1	金苗网	儿童资源服务网站	1 000 万人民币	A 轮

（三）阿里巴巴

与百度和腾讯相比，阿里巴巴对教育领域的关注和布局较少。2014 年，阿里巴巴推出一款家校沟通产品阿里师生，它针对幼儿园和中小学群体，包括通知、班级群、消息等功能。但随着全通教育、拓维信息等老牌校讯通巨头的转型以及同行的竞争，阿里师生渐渐销声匿迹。

表 1-7 阿里巴巴投资的教育项目

投资时间	项目	项目定位	金额	轮次
2014.2	vipabc	真人在线语言培训网站	1亿美元	B轮
2014.6	超级课程表	针对大学生的课表工具	数千万美元	B轮

(四)小米

与老牌互联网公司,如网易、新浪等相比,小米算是异军突起的一颗新星。小米的主营业务是手机,而后开始延伸到电视、空气净化器等产品线。通过“粉丝经济”起家的小米在2014年开始打造小米生态链。2015年,小米更是通过自营与投资布局的方式继续扩大生态链。在这些链条中,硬件和文娱是小米的主线。

在文娱方面,小米的关注点包括教育、游戏、移动互联网、本地生活、工具等。在教育方面,小米参与了一起作业网从A轮到D轮的投资,星空琴行从A轮到C轮的投资,51TALK、知米英语和小站教育各自两轮的投资。从项目上看,小米选择的主要是K12和语言培训类项目,这两个领域的用户更为年轻化,这点与小米的用户群体高度重合。

表 1-8 小米投资的教育项目

投资时间	项目	项目定位	金额	轮次
2012.12	一起作业网	小学在线作业平台	500万美元	A轮
2013.1	宝宝巴士	早教App	数百万美元	A轮
2013.8	星空琴行	钢琴教学O2O	数百万美元	A轮
2013.9	一起作业网	小学在线作业平台	1 000万美元	B轮
2013.12	51TALK	真人在线语言培训网站	1 200万美元	B轮
2014.3	亲宝宝	亲子早教类App	数百万美元	A轮
2014.7	一起作业网	小学在线作业平台	2 000万美元	C轮
2014.8	知米英语	语言学习App	数百万人民币	天使轮
2014.9	维立克教育	主打美国高中面试的服务网站	数百万美元	A轮
2014.9	星空琴行	钢琴教学O2O	数千万美元	B轮
2014.1	51TALK	真人在线语言培训网站	550万美元	C轮

续表

投资时间	项目	项目定位	金额	轮次
2014.12	美术宝	针对美术生考生的工具App	3 000万人民币	A轮
2015.12	一起作业网	小学在线作业平台	1亿美元	D轮
2015.3	小站教育	1对1留学培训课程	2 900万美元	B轮
2015.5	知米英语	语言学习App	数百万美元	A轮
2015.6	星空琴行	钢琴教学O2O	2 000万美元	C轮
2015.7	掌门一对一	家教O2O	2 000万人民币	A轮
2015.1	沪江	语言学习门户	10亿元人民币	D轮
2015.12	小站教育	1对1留学培训课程	8 400万美元	C轮

第五节 K12在线教育发展模式

一、B2B

B2B(Business-to-Business)是一种企业对企业的模式。在教育领域,第一个Business不仅可以是在线教育企业,也可以是其上游的内容、平台、技术、渠道等提供商。比如百度教育、腾讯精品课、淘宝教育、多贝等就与许多在线上平台开展课程服务的中小课程机构开展着企业与企业之间的对接。因此,围绕在线教育企业提供各项服务,比如提供录直播技术、云平台技术等的企业与在线教育企业之间也构成Business-to-Business的关系。

同样的,第二个Business不仅可以是在线教育企业本身,也可以是在线教育企业下游的培训机构、学校、教育局等。比如爱乐奇的爱课件、爱平台等产品主要与英语培训机构进行合作销售。除此之外,还有一些在线教育产品兼有多种发展模式:依靠B2B模式的利润来补贴B2C、C2C模式,用B2C和C2C模式为产品聚集口碑和人气,比如多贝云。多贝云是多贝旗下一款针对企业的网络教室产品,按照参与人次向企业收取费用。

因此,B2B模式可以以在线教育企业为参照物,向产业链上游和下游分别延展。它最大的优势在于客户集中、稳定,相对来说营收较为有保障。从上游看，目前在线教育领域最常见的 B2B 模式企业主要为技术解决方案提供商、代理运营商以及一揽子解决方案提供商。未来，随着在线教育产业链的不断完善和丰富，产业链上下游之间的分工将更为细化、联系更为紧密，将有更多提供细分产品和服务的企业出现。从下游看，B2B 模式的企业主要以校讯通、教育信息化服务进入公立学校，比如科大讯飞、拓维信息等。但需要指出的是，B2B 发展模式相对来说门槛较高，对于创业团队来说，强硬的渠道关系是较难逾越的“护城河”。

不过，随着 K12 在线教育的发展，目前也有一些在线教育创业团队开始突破体制的围墙直接与学校、教育局进行合作，其中包含 B2B2C 的发展模式。2015 年，国家提出了“十三五”期间对于提升数字教育资源开发与服务供给能力的目标，其中提到要“培育社会化的资源服务市场，采用政府购买服务等方式，鼓励有资质的企业、机构开发优质资源、提供优质服务”。这也让在线教育从业者看到了曙光。目前，我国中小学阶段的教育改革模仿的是美国模式，现阶段的改革主要集中在课程和内容方面，集中在校园和课堂中，而相关的评价、考试、升学等“牵一发而动全一身”的关键环节还在试点阶段。未来，随着我国中小学教育改革的不断深入，将有大批在线教育企业直接面向学校提供产品和服务，并由政府为此买单，由此，B2B 模式的发展路线在 K12 在线教育领域将更为清晰。

二、B2C

B2C(Business-to-Customer)模式是指企业直接面向用户提供教育产品和服务，这也是在线教育产品最常见的商业模式之一。B2C 模式可以延伸出两种产品形态：一种是工具型，另一种是平台型。

对于工具型产品来说，通常以 App 形式出现，产品直接面向用户，走的是“小而美”的模式。但相比其他模式来说，这种产品形态对用户的关注点把握要求较高，同时也面临着业务模式单一从而被整合进互联网巨头战略布局中的风险。典型的 B2C 工具型产品如学前教育领域中识字类 App、中小学领域中的在线题库产品等。从盈利方面来看，学前教育领域的 B2C 模式要优于中小学在线教育领域的 B2C 模式。

在线教育领域的平台型产品基本以课程为主，特点是平台本身不涉及具体的教育环节，而是通过利润抽成、广告等方式获取利润，典型的产品包括百度传课、淘宝同学等。B2C 平台型产品的优势有三点：第一是上游内容提供更有保障。教育机构一旦和平台签约，就可以在一定的时间内连续地提供高质量的内容。第二是影响力较大。整合了众多知名教育机构的在线教育平台能够吸引大量的用户，而用户的多少也会影响教育机构对平台的选择，所以能够实现双方良性循环的平台对于教育机构和个人来说吸引力都是很大的。第三是以教育机构为基础，不管是收取一次性入驻费用还是从教育机构的利润中抽成，B2C 平台型产品的盈利更有保障。

但与此同时，我们从百度传课、多贝等产品的曲折发展中也可以看出，B2C 平台型产品也存在很多困难。因为教育资源的稀缺性决定了优质的教育机构及其生产的内容具有很高的价值，而用户的选择是唯一的，所以 B2C 平台型产品目前最大的瓶颈是如何获取优质的 B 端资源。另外，由于用户在平台之间的转换基本上没有成本，所以一旦平台无法提供用户需要的内容，用户就会轻易地离开。如何建立平台的"护城河"，走出同质化竞争的圈子是目前 B2C 平台型产品需要思考的重要问题。除此之外，B2C 平台型产品的发展需要大量资金支持，前期如何在烧钱的同时尽快进入到资金链条的良性运作中也是决定平台能够走多远的重要因素。

三、C2C

C2C（Customer-to-Customer）模式是一种消费者对消费者的交易模式，消费者在互联网的虚拟市场中进行与教育相关的交易活动。在在线教育发展的初始阶段，大家对于 C2C 模式的理解是用户之间教育资源，如笔记、音频、视频以及教育服务（1 对 1、1 对多、多对 1 和多对多）的分享与交流。但相较于娱乐、影视、文学等领域，教育领域的 C2C 门槛较高，并不是每个人都可以自由地贡献出有价值的教育资源或服务，且具备资源和服务生产能力的老师在 C2C 平台上主动免费分享的意愿是很弱的。在这一点上，此类产品的发展可能还不如垂直教育论坛。目前，早期进行尝试的多贝、粉笔网等都进行了转型。

随着 O2O 模式的兴起，以疯狂老师、请他教、轻轻家教等为代表的一批去中介化的提供 O2O 服务的家教平台开始连接老师和学生群体，在线教育领域 C2C 模式有了新的发展。

C2C 平台的优势主要体现在教育的个性化上面。C2C 平台可以更好地为用户定制教育内容。对于用户来说，这个平台也更容易与老师进行有效的互动交流。另外，相比教育机构，由个人生成的教育内容更具针对性，更能满足用户的长尾需求。

由于教育的非标准化特质，C2C 模式的发展一直较为缓慢。但对于那些相对来说容易产生标准化结果的垂直领域和碎片化知识领域，比如在线语音答题和辅导、知识问答社区等，可能会是孕育 C2C 模式的土壤。

四、B2B2C

B2B2C(Business-to-Business-to-Customer)结合了 B2B 和 B2C 两种模式，它是一种间接的、面向最终消费者的模式。B2B2C 在 K12 在线教育领域较为典型的例子有三类。

第一类是大型教育资源公共服务平台，比如国家教育资源公共服务平台。这是一个“教育超市”，在上游吸纳了大量第三方的优质教育产品，并面向下游的最终消费者。在学前教育领域，也有类似的“中间页”产品，比如工程师爸爸。

第二类是结合线下场景的教育导购平台，类似教育领域的大众点评网。这类网站通过整合线下教育、亲子游、培训等第三方商家信息，结合 LBS 技术(Location Based Service，基于移动位置服务)为用户提供信息引导。但目前看来，这类平台和各自领域的巨头有比较多的业务重叠，因此独立发展空间狭窄，比如之前的孩子学最终并入了大众点评网。

第三类是近两年兴起的垂直母婴电商模式，它通过去中间商的方式构建了母婴品牌与消费者之间的桥梁，并自建仓储物流来保障交易的通畅。

相对来说，B2B2C 模式的体量和发展空间都较大，但目前在在线教育领域还不占主流。它对于中间平台把控上下游的能力有着更高的要求，未来随着在线教育产业链的不断完善，B2B2C 模式的教育切入点将更为多元化。

第二章 中国 K12 在线教育发展环境

在教育问题上，全世界似乎都有一个共识，即政府应对教育承担重要的责任。在现实中也确实如此。我国教育的发展不仅受到法规、政策的影响，还受到国家对教育的投入、社会发展进程以及技术发展的影响。在线教育作为新生事物，自然也需要通过对我国教育发展环境的敏锐捕捉来调整自身姿态。

从近年来国家的法规、政策来看，民办教育市场的活力正在不断释放出来，资本进入和退出教育领域的渠道日益通畅，这为我国在线教育的繁荣发展提供了先决条件。

从国家对教育的投入来看，2012 年我国财政性教育经费占 GDP 比例首次达到 4%。国家对教育投入的多少以及分配情况对我国基础教育建设有着重大影响。

从社会发展进程来看，我国“少子化”所带来的 K12 入学(园)人口持续下降随着近几年不断宽松的人口政策而得到缓解。“全面二孩”所带来的新一波人口红利将最先抵达学前教育领域，并对早教、母婴电商、亲子游等相关产业起到强力的带动作用。

从技术进展来看，互联网的技术加速将给我国本阶段的教育信息化建设带来崭新面貌。这也是在线教育区别于以往网络教育的基本特征。

本章通过 PEST(Politics、Economy、Society、Technology，宏观环境分析模型)分析，简要列举了我国政治、经济、社会和技术对 K12 教育的宏观影响。

第一节　政治

随着我国经济社会的发展以及各项改革的不断深入，国家层面的一系列政策利好消息推动着在线教育行业不断发展。

➢ 未来民办教育有望选择登记为营利性法人，这将大力促进我国民办学校的发展和民办教育市场的繁荣。

➢ 国家对于教育信息化的关注程度不断上升，在各级各类教育信息化的发展建设中鼓励社会力量和民间资本提供多元化的教育服务，这也为在线教育市场以及在线教育企业的发展壮大提供了政策保障。在线教育企业不仅可以面向自由市场，还可以面向政府机构提供教育服务。

➢ 随着“互联网＋”政策的提出，一系列针对小微企业的融资、税费优惠政策纷至沓来。2014 年，证监会正式允许券商使用自有资金参与新三板交易，持有新三板挂牌公司股票，通过自营买卖差价获得收益。至此，新三板融资渠道被激活，这些利好政策直接助推了在线教育企业的快速发展和相关市场的繁荣。

➢ 从人口与考试相关政策来看，更为开放的生育政策以及不断深化的高考制度改革从“活力”与“动力”两个方面推动我国教育市场向更积极健康的发展方向迈进。眼下，学前教育和中小学教育市场将最先享受到政策红利。

一、教育相关法律政策

百年大计，教育为本。我国一直把教育放在优先发展的战略地位，并在国家各项法律政策中明确强调教育对我国现代化发展的重要意义和作用。我国与教育相关的法律包括《中华人民共和国教育法》《中华人民共和国教师法》《中华人民共和国民办教育促进法》等。其中，《中华人民共和国教育法》中明确规定“任何组织和个人不得以营利为目的举办学校及其他教育机构”(如表 2-1 所示)。

表 2-1　K12 阶段教育相关法律

名称	概要
《中华人民共和国教育法》	第三章第二十五条提出“国家制定教育发展规划，并举办学校及其他教育机构。国家鼓励企业事业组织、社会团体、其他社会组织及公民个人依法举办学校及其他教育机构。任何组织和个人不得以营利为目的举办学校及其他教育机构”。
《中华人民共和国义务教育法》	第六章第四十二条提出“国家将义务教育全面纳入财政保障范围，义务教育经费由国务院和地方各级人民政府依照本法规定予以保障”。第四十三条提出“学校的学生人均公用经费基本标准由国务院财政部门会同教育行政部门制定，并根据经济和社会发展状况适时调整。制定、调整学生人均公用经费基本标准，应当满足教育教学基本需要”。
《中华人民共和国教师法》	第二章第九条提出“为保障教师完成教育教学任务，各级人民政府、教育行政部门、有关部门、学校和其他教育机构应当履行的职责包括提供必需的图书、资料及其他教育教学用品”。
《中华人民共和国未成年人保护法》	第四章第四十五条提出“地方各级人民政府应当积极发展托幼事业，办好托儿所、幼儿园，支持社会组织和个人依法兴办哺乳室、托儿所、幼儿园”。
《中华人民共和国民办教育促进法》	第七章第五十一条提出“民办学校在扣除办学成本、预留发展基金以及按照国家有关规定提取其他的必需的费用后，出资人可以从办学结余中取得合理回报。取得合理回报的具体办法由国务院规定”。

同时，我国教育还受到相关法规、条例和制度的影响。2010 年 7 月，《国家中长期教育改革和发展规划纲要（2010－2020 年）》（以下简称《纲要》）全文正式发布。这是中国进入 21 世纪之后的第一个教育规划，是今后一个时期指导全国教育改革和发展的纲领性文件。2012 年，为推进落实《纲要》中关于教育信息化的总体部署，教育部印发了《教育信息化十年发展规划（2011—2020 年）》，具体明确了我国教育信息化的总体战略、发展任务、行动计划和保障措施，这也为在线教育行业的发展提供了方向和思路（如表 2-2 所示）。

除此之外，围绕《纲要》的部署，国务院还发布了《国务院办公厅关于开展国家教育体制改革试点的通知》《国务院关于深入推进义务教育均衡发展的意见》和《国务院关于加强教师队伍建设的意见》等文件。

表 2-2 教育信息化相关政策

名称	概要
《国家中长期教育改革和发展规划纲要(2010—2020年)》	第十九章"加快教育信息化进程"中明确提出"加快教育信息基础设施建设""加强优质教育资源开发与应用""构建国家教育管理信息系统"三方面的规划。
《教育信息化十年发展规划(2011—2020年)》	第四章明确提出要"缩小基础教育数字鸿沟,促进优质教育资源共享",其中包括"缩小数字化差距""推进信息技术与教学融合""培养学生信息化环境下的学习能力"。在第二十章"落实经费投入"方面,提出"明确政府在教育信息化经费投入中的主体作用。鼓励企业和社会力量投资、参与教育信息化建设与服务,形成多渠道筹集教育信息化经费的投入保障机制"。

值得注意的是,2015 年 8 月,第十二届全国人大常委会第十六次会议初次审议了《教育法律一揽子修正案(草案)》,并向社会公开征集意见,其中涉及对既有教育相关法律条款的一些修订:如将《教育法》第五十二条第三款"任何组织和个人不得以营利为目的举办学校及其他教育机构"修改为"以财政性经费、捐赠资产举办或者参与举办的学校及其他教育机构不得设立为营利性组织"。将《民办教育促进法》中第十八条"民办学校取得办学许可证,并依照有关的法律、行政法规进行登记,登记机关应当按照有关规定即时予以办理"修改为"民办学校可以自主选择登记为非营利性或者营利性法人"。

在学前教育阶段,相关政策文件主要针对幼儿园,近年来国家也对部分内容进行了修改。其中,1996 年颁布的《幼儿园工作规程》2016 年由教育部公布了新版,删掉了"任何组织和个人举办幼儿园不得以营利为目的"的说法。除此之外,国家还出台了《幼儿园教职工配备标准》《幼儿园建设标准》等文件(如表 2-3 所示)。

表 2-3 学前教育阶段相关政策

名称	概要
《幼儿园管理条例》	第十一条提出"国家实行幼儿园登记注册制度,未经登记注册,任何单位和个人不得举办幼儿园"。
《幼儿园工作规程》	将第四十九条"任何组织和个人举办幼儿园不得以营利为目的,举办者筹措的经费,应保证保育和教育的需要,应保证一定比例用于改善办园条件,并可提留一定比例的幼儿园基金"变更为"幼儿园举办者筹措的经费,应保证保育和教育的需要,有一定比例用于改善办园条件和开展教职工培训"。

续表

名称	概要
《幼儿园收费管理暂行办法》	第九条提出“民办幼儿园保教费、住宿费标准，由幼儿园按照《民办教育促进法》及其实施条例规定，根据保育教育和住宿成本合理确定，报当地价格主管部门、教育行政部门备案后执行。享受政府财政补助(包括政府购买服务、减免租金和税收、以奖代补、派驻公办教师、安排专项奖补资金、优惠划拨土地等)的民办幼儿园，可由当地人民政府有关部门以合同约定等方式确定最高收费标准，由民办幼儿园在最高标准范围内制定具体收费标准，报当地价格、教育、财政部门备案后执行”。
《中国儿童发展纲要(2011—2020年)》	明确了2011—2020年中国儿童发展的总目标，涉及儿童健康、教育、福利、社会环境、法律保护等多个方面。其中，教育目标主要包括“基本普及学前教育”“普及高中阶段教育，毛入学率达到90%”“保障所有儿童享有公平教育，均衡配置教育资源，缩小城乡差距、区域差距、校际差距”等。
《国务院关于当前发展学前教育的若干意见》	第二条提出“鼓励社会力量以多种形式举办幼儿园。通过保证合理用地、减免税费等方式，支持社会力量办园。积极扶持民办幼儿园特别是面向大众、收费较低的普惠性民办幼儿园发展。采取政府购买服务、减免租金、以奖代补、派驻公办教师等方式，引导和支持民办幼儿园提供普惠性服务。民办幼儿园在审批登记、分类定级、评估指导、教师培训、职称评定、资格认定、表彰奖励等方面与公办幼儿园具有同等地位”。
《3－6岁儿童学习与发展指南》	以为幼儿后继学习和终身发展奠定良好素质基础为目标，以促进幼儿体、智、德、美各方面的协调发展为核心，通过提出3－6岁各年龄段儿童学习与发展目标和相应的教育建议，帮助幼儿园教师和家长了解3－6岁幼儿学习与发展的基本规律和特点，建立对幼儿发展的合理期望，实施科学的保育和教育，让幼儿度过快乐而有意义的童年。
《幼儿园教师专业标准(试行)》	第三条提出“制定幼儿园教师准入标准，严把幼儿园教师入口关；制定幼儿园教师聘任(聘用)、考核、退出等管理制度，保障教师合法权益，形成科学有效的幼儿园教师队伍管理和督导机制”。

在税收方面，按照《营业税暂行条例》，国家对托儿所、幼儿园提供养育服务取得的收入，免征营业税；对国家拨付事业经费和企业办的各类学校、托儿所、幼儿园自用的房产、土地，免征房产税、城镇土地使用税；社会力量兴办的托儿所、幼儿园比照企事业单位政策执行，对于其自用的房产、土地免征房产税和城镇土地使用税；对学校、幼儿园经批准征用的耕地，免征耕地占用税。

中小学阶段，相关政策文件涉及教师，学校管理、招生、收费等多个方面(如表2-4所示)。

表 2-4　中小学阶段相关政策

名称	概要
《义务教育学校管理标准》	第一条提出“树立公平的教育观和正确的质量观，提高办学水平，强化学生认识、合作、创新等关键能力和职业和职业意识培养，面向每一名学生，教好每一名学生，切实保障学生平等的受教育权利”。
《中小学教材编写审定管理暂行办法》	第五条提出“教材的编写、审定，实行国务院教育行政部门和省级教育行政部门两级管理。国务院教育行政部门负责国家课程教材的编写和审定管理；省级教育行政部门负责地方课程教材的编写和审定管理”。
《普通高级中学收费管理暂行办法》	第十条提出“学费是学校经费的必要来源之一，纳入单位财务统一核算，统筹用于办学支出。任何部门、单位和个人不得截留、挤占和挪用。学费的收支情况应按级次向教育主管部门和财政、物价部门报告，并接受社会和群众监督”。
《中华人民共和国教师法》	第一章第三条提出“教师是履行教育职责的专业人员，承担教书育人，培养社会主义建设者和接班人，提高民族素质的使命。教师应当忠诚于人民的教育事业”。

二、人口与考试相关政策

（一）人口相关政策

近年来，我国在人口政策方面经历了如下几个阶段。

1. 独生子女政策

1973年，国务院成立了计划生育领导小组，提出了“晚、稀、少”的政策，即鼓励晚婚晚育，生育时间至少间隔三年以上，一对夫妻最多生育两个孩子。从这个时候起，独生子女越来越多地开始出现。

1978年10月，中共中央发布文件，提出一对夫妻生育孩子的数量“最好一个，最多两个”。这是中央文件里首次就公民生育子女的具体数目作出明确指示。

1979年1月，全国计划生育工作会议召开，把“最多两个”去掉，变成了“最好一个”，独生子女政策至此正式开始。

2. “一孩半”政策

考虑到农村家庭的切实困难，从1981年开始，围绕“女儿户”政策出台，但是由于种种原因，该政策并没有得到落实。1984年后，“一孩半”政策在部分农村落实，即第一个是女孩的农村家庭，可以生第二个孩子。

3.“双独二孩”政策

由于20世纪80年代出生的第一批独生子女已经到达适婚年龄，在许多地区，特别是经济较发达的城市，计划生育政策有一定程度的放松。符合特殊情况者，由夫妻双方共同申请，经计划生育行政部门审批，可按人口计划及间隔期规定安排再生育一个子女，这其中就包括独生子与独生女结婚的情况。至此，我国生育政策调整为“双独二孩”。

自1985年浙江省《计划生育条例》提出“双独二孩”政策以来，山东、四川等27个省、市、区在20世纪末已实行“双独”夫妻可生二孩政策，湖北、甘肃、内蒙古自治区在2002年也实行了该政策。2011年11月，随着新《河南计生条例》允许该省“夫妻双方均为独生子女，可以生育第二个子女”政策的落实，“双独二孩”政策在经历了漫长的26年之后终于实现了全国范围的覆盖。

2002年，《中华人民共和国人口与计划生育法》明确规定：国家稳定现行生育政策，鼓励公民晚婚晚育，提倡一对夫妻生育一个子女；符合法律、法规规定条件的，可以要求安排生育第二个子女。

4.“单独二孩”政策

2013年11月15日，中共十八届三中全会通过的《中共中央关于全面深化改革若干重大问题的决定》中提到“坚持计划生育的基本国策，启动实施一方是独生子女的夫妇可生育两个孩子的政策”，明确“单独二孩”政策将正式实施。

5.“全面二孩”政策

2015年10月29日，中共十八届五中全会提出，为促进人口均衡发展，坚持计划生育的基本国策，完善人口发展战略，全面实施一对夫妇可生育两个孩子政策，积极开展应对人口老龄化行动，标志着中国“全面二孩”政策正式放开。

（二）考试相关政策

20世纪70年代高考恢复后，我国在高考方面的政策随着经济、社会发展和实际需求也在不断进行调整。高考改革经历了如下四个阶段。

1.高考的恢复与重建(1977—1984年)

1977年,邓小平复出后主持高考的恢复工作。当年10月12日,国务院批转了教育部《关于1977年高等学校招生工作的意见》。

2.高考的多元化改革(1985—1998年)

实行国家计划招生、用人单位委托招生、招收少数自费生三种招生办法;

实行高中会考制度;

实行“3+2”考试方案;

推进标准化考试,实行主、客观题分卷考试;

试行保送生和招生并轨改革。

3.高考的深化改革(1999—2012年)

开始新课程标准的内容改革;

实行“3+X”考试方案;

探索一年两次高考;

“统一考试,分省命题”举措扩大到16个省市;

高校开始扩招,到2010年,高校录取率超过68%;

放开高考报名年龄限制,实行高考招生的社会化报名;

部分高校开始“自主招生”试点工作;

2008年起实行平行志愿录取。

4.新一轮改革(2010—2014年)

上海、浙江启动高考综合改革试点;

2015年起增加使用全国统一命题试卷的省份;

2015年起取消特长生加分项目;

2015年起“自主招生”安排在全国统一高考后进行;

实行“3+3”和英语科目提供两次考试机会的考试方案。

在高考命题方面,2012年之前,我国形成了“统一考试、分省命题”的格局,但在新一轮改革中，越来越多的省份回归到全国统一命题。值得注意的是，2016 年我国高考在命题方面有三大类(如表 2-5 所示)：

第一类是同纲同卷，即由国家考试中心统一命题并使用同一套试卷考试，也就是大家所说的全国卷。目前使用全国卷的省份主要集中在中西部，全国卷分为全国卷Ⅰ和全国卷Ⅱ；

第二类是同纲不同卷，即在同一套考试大纲指导下，由国家考试中心统一命制多套试卷供各省选用，这主要针对的是新一轮改革后由自主命题回归到全国统一命题的省份。

第三类是自主命题，即由本省单独组织教师编写考试试卷，主要面向东部沿海较发达省份。自主命题的省份也存在部分科目使用全国卷的情况，如湖南、海南等。

表 2-5　2015 年和 2016 年全国高考命题情况对比

地区	2015 年	2016 年
河北	全国卷Ⅰ	全国卷Ⅰ
河南	全国卷Ⅰ	全国卷Ⅰ
山西	全国卷Ⅰ	全国卷Ⅰ
江西	全国卷Ⅰ	全国卷Ⅰ
甘肃	全国卷Ⅱ	全国卷Ⅱ
广西	全国卷Ⅱ	全国卷Ⅱ
贵州	全国卷Ⅱ	全国卷Ⅱ
黑龙江	全国卷Ⅱ	全国卷Ⅱ
吉林	全国卷Ⅱ	全国卷Ⅱ
辽宁	全国卷Ⅱ	全国卷Ⅱ
内蒙古	全国卷Ⅱ	全国卷Ⅱ
宁夏	全国卷Ⅱ	全国卷Ⅱ
青海	全国卷Ⅱ	全国卷Ⅱ

续表

地区	2015 年	2016 年
西藏	全国卷Ⅱ	全国卷Ⅱ
新疆	全国卷Ⅱ	全国卷Ⅱ
云南	全国卷Ⅱ	全国卷Ⅱ
重庆	重庆卷	全国统一命题
安徽	安徽卷	全国统一命题
福建	福建卷	全国统一命题
广东	广东卷	全国统一命题
四川	四川卷	全国统一命题
山东	英语用全国卷Ⅰ，其余用山东卷	全国统一命题
湖北	文理综用全国卷Ⅰ，语数外用湖北卷	全国统一命题
湖南	文理综用全国卷Ⅰ，语数外用湖南卷	全国统一命题
陕西	语文、文理综用全国卷Ⅱ，数学、英语用陕西卷	全国统一命题
海南	语数外用全国卷Ⅱ，文理综用海南卷	语数外用全国卷Ⅱ，文理综用海南卷
北京	北京卷	北京卷
上海	上海卷	上海卷
天津	天津卷	天津卷
浙江	浙江卷	浙江卷
江苏	江苏卷	江苏卷

2017 年高考新一轮改革将在浙江和上海两个省市进行试点。目前已有部分省市公布了本省高考改革的具体方案和执行时间，如表 2-6 所示。

表 2-6　已出台的全国各地高考改革汇总

各省	执行时间	概要
宁夏	2019 年	1. 2017 年建立普通高中考试招生综合素质档案，在自主招生中使用； 2. 2019 年逐步取消录取批次，推行“两依据，一参考”的考试招生模式； 3. 选考科目调整为“6 选 3”； 4. 外语科目一年两考。

续表

各省	执行时间	概要
河北	2018 年	1. 合并二本、三本录取批次； 2. 2017 年实行新的综合素质评价制度； 3. 高考科目由“3＋X”改为语文、数学、外语； 4. 外语科目一年两考； 5. 取消部分地方性加分项目； 6. 艺术专业录取文化要求不得低于同批次录取控制线； 7. 联考单招专业大类由 3 个增至 10 个。
江苏	2018 年	1. 选考科目调整为“6 选 3”； 2. 分值比 480 分高，接近 700 分； 3. 英语分值提高，听力口语一年两考； 4. “小高考”13 个科目均可考两次。
广东	单项改革从 2016 年陆续展开，2018 年启动高考综合改革	1. 合并高考二本 AB 线； 2. 采用全国统一卷； 3. 全面放开异地高考； 4. 从 2021 年开始，实行“3＋3”考试模式，本科招生不分文理； 5. 外语科目提供 2 次考试机会。
山东	2017 年	1. 实行“3＋3”模式，2020 年只统考语数外； 2. 不分文理科，外语科目提供 2 次考试机会； 3. 2017 年起不再分一本、二本。
浙江	2016 年	1. 不分文理科； 2. 实行“7 选 3”模式； 3. 外语和选考科目每科可报考 2 次，选用其中 1 次成绩； 4. 实行“专业＋学校”志愿，按专业(类)平行投档。
上海	2016 年	1. 合并一本、二本录取批次，扩大综合评价录取试点范围； 2. 2017 年起，在自主招生等环节中开始使用综合素质评价信息； 3. 推行“两依据，一参考”的考试招生模式。
海南	2017 年	1. 2017 年起，合并一本、二本录取批次； 2. 实行“3＋3”模式； 3. 不分文理科。
北京	2020 年	1. 2017 年实施高中学业水平考试； 2. 调整统一高考科目，实行多元录取机制； 3. 选考科目调整为“6 选 3”。

续表

各省	执行时间	概要
青海	2018年	1. 实行“3+3”模式； 2. 2018年全面实行平行志愿。
甘肃	2019年	1. 不分文理科； 2. 实行“3+3”模式； 3. 外语一年两考。
广西	2019年	1. 不分文理科； 2. 实行“3+3”模式； 3. 外语一年两考。
重庆	2016年	公共英语二级听力考试成绩不再代替高考英语听力成绩。
陕西	2016年	增加英语听力考试，成绩计入外语考试总分之中。

第二节　经济

一、国家财政性教育经费基本情况

国家统计局统计数据显示，2016年我国GDP增长6.7%，总额为744 127亿元。① GDP是国民经济核算的核心指标，也是衡量一个国家或地区总体经济状况的重要指标。近年来，我国GDP的持续增长为教育事业的发展打下了坚实的基础。

根据2013年教育部、国家统计局、财政部发布的《全国教育经费执行情况统计公告》，2012年国家财政性教育经费支出2.2万亿元，占GDP的比例达到4.28%，实现了《国家中长期教育改革和发展规划纲要(2010—2020年)》提出的4%的目标。其实，早在1993年，党中央、国务院发布的《中国教育改革和发展纲要》就第一次提出到2000年，实现我国财政性教育经费占GDP比例达到4%的目标。但这一目标直到2012年才最终实现。我国财政性教育经费占GDP比例达到4%是我国教育发展史上的一个重要里程碑，同时，4%也是世界衡量教育水平的基础线。

① 中华人民共和国统计局. 2016年4季度和全年我国GDP初步核算结果[R/OL]. (2017-01-21)[2017-08-31]. http://www.stats.gov.cn/tjsj/zxfb/201701/t20170120_1456385.html.

2014年，根据《全国教育经费执行情况统计公告》，国家财政性教育经费为2.6万亿元，比上年增长7.89%，占GDP比例为4.15%，比2013年的4.16%降低了0.01个百分点。至此，国家财政性教育经费已连续三年占GDP比例超过4%（如图2-1所示）。

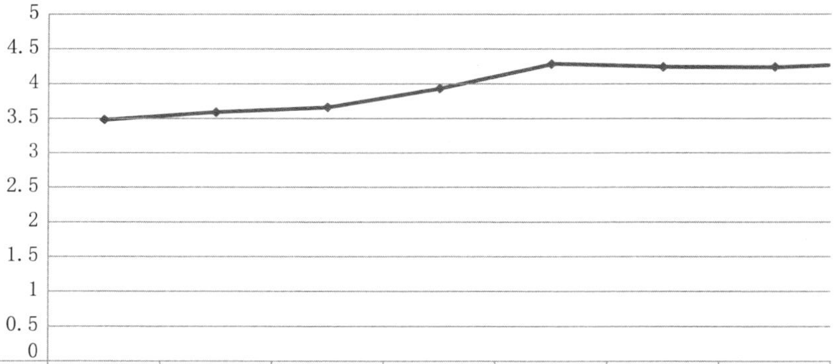

年份	2008年	2009年	2010年	2011年	2012年	2013年	2014年
比例	3.48%	3.59%	3.66%	3.93%	4.28%	4.16%	4.15%

图2-1 2008—2014年我国财政性教育经费占GDP比例

2014年，教育部党组副书记、副部长杜玉波在采访中指出，在使用这笔教育经费时，要突出重点，用好增量，多做“雪中送炭”的事，新增教育经费主要向农村、边远、贫困和民族地区倾斜，向弱势群体倾斜，向教师队伍建设倾斜，主要用于“保基本、补短板、促公平”。

“保基本”包括两个方面：一是“保”义务教育。从各级各类教育经费的分配情况来看，有一半以上财力用于义务教育，义务教育全部纳入公共财政保障范围。2006年开始，国家不断完善农村义务教育经费保障机制，实施“两免一补”政策（免除学杂费、教科书费，补助家庭经济困难寄宿生生活费），3次提高生均公用经费基准定额标准；2008年，国家实施城市义务教育免除学杂费政策，从农村到城市，全面实现了免费义务教育；2009年，国家全面推行农村义务教育学校化债，4年化债900多个亿，基本解决了农村义务教育的历史欠账问题；2011年，完成“两基”（基本普及九年义务教育、基本扫除青壮年文盲）国检，从东部到西部，全面普及了九年义务教育。二是“保”教师工资和学校运转。通过落实教师工资“不低于公务员平均工资水平”的法定要求，将农村教师工资全额纳入财政预算，并对义务教育学校教师率先实施绩效工资制度。2009年开始实施的全国中小学校舍安全工程，加固改造存在安全隐患的校舍3.5亿平方米，全面提升了中小学校抗震设防能力和综合防灾能力，全国1/4的校舍旧貌换新颜。

“补短板”主要是“补”学前教育和职业教育。近年来，国家对学前教育财政投入增长最快，其次是职业教育。通过实施农村学前教育推进工程，不断扩大农村学前教育的普惠性资源，入园率提前实现了2015年的发展目标。从区域分布来看，财政性教育经费一半以上用于中西部，财政教育投入5年翻了一番。中央财政教育支出2/3都转移给了地方。中央财政教育转移支付资金中，90%用于支持中西部，先后实施了寄宿制学校建设工程、初中校舍改造工程、全国中小学校舍安全工程、薄弱学校改造计划、学生营养改善计划、高中改造计划等一系列重大民生工程。

“促公平”主要体现在三个方面：一是资助政策实现全面覆盖。在义务教育阶段，从最初的“两免一补”到目前至少是“三免两补”（免除学杂费、教科书费、住宿费，补助寄宿生生活费、营养膳食费）。在非义务教育阶段，对幼儿园，按照“地方先行、中央补助”的原则，推动全国32个省份（含新疆生产建设兵团）建立了学前教育资助制度。二是资助范围不断扩大。农村义务教育全面纳入公共财政保障范围，80%的进城务工人员随迁子女在公办义务教育学校免费就读。全国每年近10%的在园幼儿享受各种资助；100%的农村义务教育学生和2 200万名城市义务教育学生同时享受免学费和教科书费政策；3 000多万名农村寄宿生免除了住宿费，超过25%的农村义务教育学生享受到营养膳食补助。三是财政投入力度不断加大。学前教育资助实现从无到有，普通高中学生资助金额5年增长了5倍。2012年，如果不算义务教育免学杂费、教科书费和获得营养改善计划的资助人数和资金，全国累计资助学生8 400万人次，资助金额突破1 000亿元。其中，政府投入占比超过70%。①

① 焦新.把教育经费花到最需要的地方[N/OL]. 中国教育报，2014-03-03[2017-08-31]. www.edu.cn/edu/jiao_yu_bu/jiang/201403/t20140303_108mb_3.shtml.

二、国家财政性教育经费分配情况

根据2014年教育部和国家统计局发布的《中国教育经费统计年鉴》，2013年国家财政性教育经费在义务教育阶段分配比例超过一半，为52%，而在幼儿园阶段分配比例仅为4%。[①]

长期以来，我国在学前教育事业中过多强调学前教育的福利性和非义务性，而对学前教育的基础性、外部性和公益性认识不足，从而造成政府对学前教育的财政投入严重滞后于其他国民教育体系。《国家中长期教育改革和发展规划纲要（2010—2020）》明确指出，关于学前教育，要“建立政府投入、社会举办者投入、家庭合理负担的投入机制”。

当前，我国学前教育的经费投入主要来自各级地方政府。各地经济发展水平的不同，必然导致各地区学前教育财政投入差距很大。另外，不同体制幼儿园之间财政投入差距较大。按照举办者身份的不同，我国幼儿园可以划分为：教育部门主办、其他部门主办、集体主办和民办幼儿园。目前来看，教育部门和其他部门主办的幼儿园垄断了绝大部分的政府拨款，这就使集体主办和民办幼儿园几乎无法获得政府的财政支持。

对学前教育的财政支持不仅需要法律约束，还需要在投入方式上进行多元化的尝试。目前，不同国家和地区在学前教育经费投入上可简单归纳为以下三种模式。

第一种是对托幼机构进行财政投入的方式。政府对托幼机构直接进行现金投入和税费减免，这种模式被绝大部分的欧洲国家所采用。

第二种是对家长进行财政投入的方式。通过现金补贴、教育券、税费返还等方式减轻家长负担，联邦制国家比较青睐此种模式。

第三种是对公立托幼机构、私立托幼机构采取不对等的学前教育财政经费投入政策，这也是世界各国的惯例。值得注意的是，近年来，许多国家和地区改

---

① 中华人民共和国教育部财务司，国家统计局社会科技和文化产业统计司. 2014中国教育经费统计年鉴[M]. 北京：中国统计出版社，2014：232-236.

变了只对公立幼托机构进行财政投入的政策传统，开始对一些私立幼托机构实行财政投入，投入方式既有直接的财政投入，也有间接的财政投入。典型国家如澳大利亚，澳大利亚的公立幼儿园数量较少，政府为鼓励私人开办幼儿教育服务机构，对私立幼儿园提供两种形式的直接财政资助：第一种是鼓励私人在政府认可的、需要开办儿童看护中心的地区提供幼儿教育服务，这实际上是由政府购买私人服务；另一种是为经过政府许可的私立幼儿教育服务提供经营补助，其对象包括家庭日托中心、家庭看护等。

在我国，私立幼儿园享受免征营业税的优惠政策。另外，教育券曾在浙江省长兴县得到局部实验。①

三、我国居民消费情况

居民消费水平在很大程度上受整体经济状况的影响。根据国家统计局数据，2008—2015 年，我国城镇居民人均可支配收入显著提升，但城镇居民家庭人

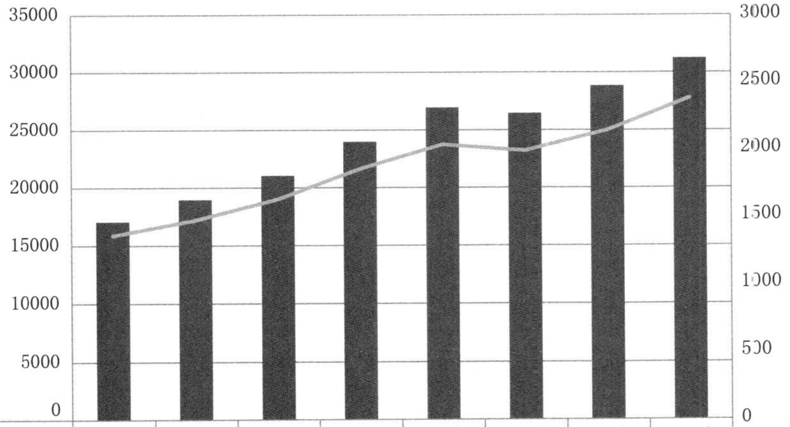

年份	2008年	2009年	2010年	2011年	2012年	2013年	2014年	2015年
城镇居民人均可支配收入	17 067.8	18 958.1	21 033.4	23 979.2	26 959	26 467	28 844	31 195
人均文教娱乐消费支出	1 359.3	1 472.8	1 627.6	1 851.7	2 033.5	1 988	2 142	2 383

图 2-2　2008—2015 年我国城镇居民人均可支配收入及人均文教娱乐消费支出

① 周兢. 国际学前教育政策比较研究[M]. 上海：华东师范大学出版社，2012：38-39.

均文教娱乐消费支出却增速放缓。2008 年,城镇居民家庭人均文教娱乐消费支出占我国城镇居民人均总收入的比例约为 8.0%,2015 年这一比例下降到 7.6%(如图 2-2 所示)。

与城镇居民人均可支配收入相比,我国农村居民家庭人均可支配收入的增速更快,2008—2012 年增幅约为 140%。但相比之下,农村居民家庭人均可支配收入整体水平较低,2015 年仅仅是城镇居民人均总收入的 36.6%(如图 2-3 所示)。

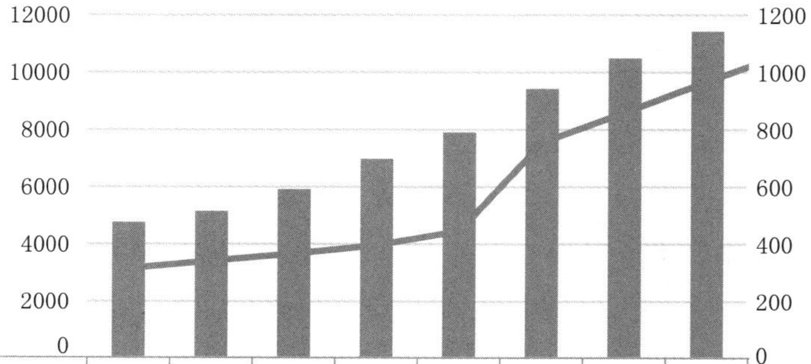

年份	2008年	2009年	2010年	2011年	2012年	2013年	2014年	2015年
农村居民人均可支配收入	4 760.6	5 153.2	5 919	6 977.3	7 916.6	9 430	10 489	11 422
人均文教娱乐消费支出	314.5	340.6	366.7	396.4	445.5	755	860	969

图 2-3　2008—2015 年我国农村居民人均可支配收入与人均文教娱乐消费支出

从这些数据可以看出,目前我国城乡居民在文教娱乐消费上的支出存在着较大差距。另外,从整体趋势上看,城乡居民在人均文教娱乐消费上的占比在下降。

第三节　社会

2000 年和 2010 年两次人口普查数据显示,我国 0—6 岁人口增速在放缓,但近年来受到“二孩政策”的影响,从 2011 年起,我国人口出生数有了明显上升。这一增长将直接刺激相关产业的发展,对于学前教育市场来说,将在短期内收获这一波人口红利。同时,我国幼儿园及相关教师的数量也将随着这波出生人口浪潮保持持续增长态势。幼儿园，尤其是民办幼儿园，更应抓住政策与市场的利好时机，在满足幼儿入园需求建设普惠性幼儿园的同时，通过发展特色、建立高端幼儿园填补市场空白。目前，学前教育市场前景明朗且正处在红利期，我们不仅可以关注学前教育市场与相关市场的联动，比如与地产和商圈的联动；还可以关注其分层次的需求，比如普惠性幼儿园的信息化基础建设和高端幼儿园的信息化增值需求。

与学前教育各项指标不断增长的趋势相反，九年义务教育阶段的在校生人数和学校数量都在缩减。这与我国“少子化”现状、农村进行的“撤点并校”政策、城镇化发展有关。“撤点并校”的影响是深远的，它在一定程度上进一步加速了农村家庭教育的断裂，促使家长更看重学校中教师的作用，而在城市，教师的权威性正在逐渐弱化。因此，当我们去看未来更为广阔的四、五线城市教育市场时，要考虑到教师作为“全能人才”带给整个教育、学生和家长的影响。反过来，对于教师的素质能力培训也是一个重点。另外，我国的中小学教育目前仍处在普惠阶段，以促进资源优化配置和公平发展的教育产品仍是可行的敲门砖。

结合近年来我国在基础教育领域的改革，高中阶段仍然是矛盾的集中点，改革较为激烈，留给市场的机会多，但难度相对也大，对产品的快速反应和更新迭代有更高要求。相对来说，义务教育阶段相对平稳，但未来会逐渐受到高中教育改革的波浪式影响。因此，目前市场留给高中和学前教育的创新空间更大。另外，根据“推动义务教育均衡发展，普及高中阶段教育，逐步分类推进中等职业教育免除学杂费”的“十三五”规划，普通高中的毛入学率将继续提升，这也将对并行的中等职业教育和更高层次的高等教育产生影响。

一、我国学前教育各项发展数据

（一）学前教育人数

根据 2000 年全国第五次人口普查数据，0—6 岁学前儿童共102 382 073人，在全年龄段人口中的占比为 8.25%。2010 年全国第六次人口普查数据显示，0—6 岁学前儿童共105 069 217人，在全年龄段人口中的占比为 7.87%。对比两次人口普查数据可以发现，虽然0—6岁学前儿童的人口总数在增长，10年间共增长了2 687 144人，但占全年龄段人口的比重却有所下降。

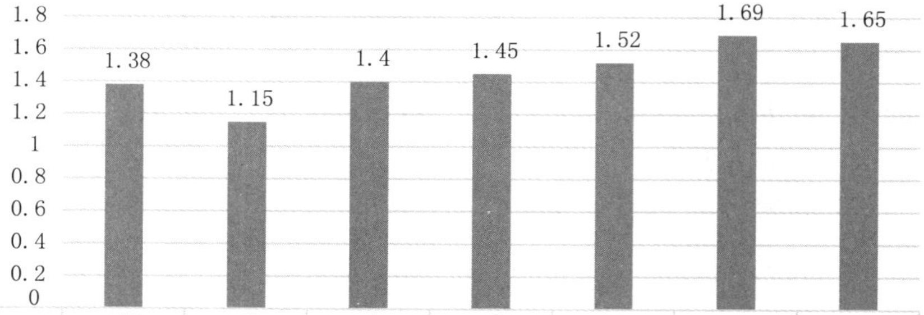

年龄	0岁	1岁	2岁	3岁	4岁	5岁	6岁
■2000年人口数	1.38	1.15	1.4	1.45	1.52	1.69	1.65

图 2-4　2000年全国第五次人口普查0—6岁人口数(千万)

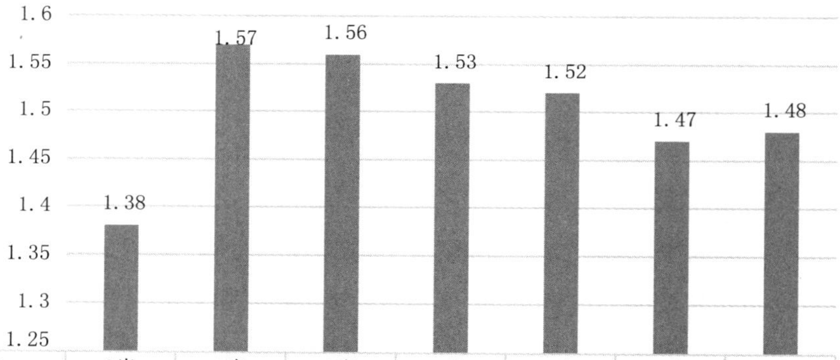

年龄	0岁	1岁	2岁	3岁	4岁	5岁	6岁
■2010年人口数	1.38	1.57	1.56	1.53	1.52	1.47	1.48

图 2-5　2010年全国第六次人口普查0—6岁人口数(千万)

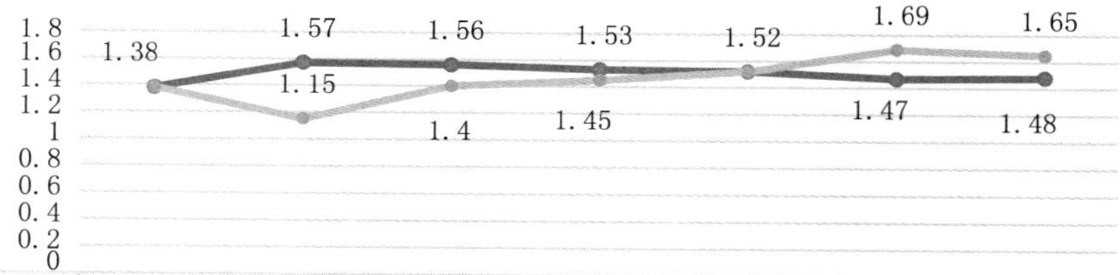

年龄	0岁	1岁	2岁	3岁	4岁	5岁	6岁
2010年人口数	1.38	1.57	1.56	1.53	1.52	1.47	1.48
2000年人口数	1.38	1.15	1.4	1.45	1.52	1.69	1.65

图 2-6　2000年和2010年人口普查0—6岁人口数对比

从国家统计局公布的 2005—2014 年出生人口数来看，这段时间我国出生人口数在波动中有所增长（如图 2-7 所示）。从 2011 年的“双独二孩”到 2013 年的“单独二孩”，再到 2015 年全面实施“二孩政策”，我国出生人口数有了明显增长，尤其是 2014 年增长迅猛。由此可以推断，在全面放开“二孩政策”之后，我国出生人口数将会迎来显著增长。这一增长将在未来 3—5 年带动母婴、育儿、早教等领域消费，从更长远来看，还将对地产、汽车、服装、餐饮等行业产生积极影响。

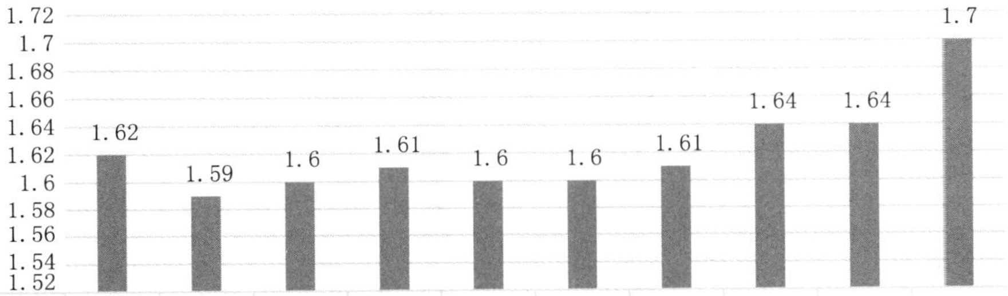

年龄	2005	2006	2007	2008	2009	2010	2011	2012	2013	2014
■人口出生数	1.62	1.59	1.6	1.61	1.6	1.6	1.61	1.64	1.64	1.7

图 2-7　2005—2014 年我国出生人口数（千万）

（二）幼儿园数量及类型

根据国家统计局的数据，2005—2014 年，我国幼儿园总数呈现平稳增长的态势。值得注意的是，从 2010 年开始，这一增长有了明显的加速。2014 年，我国幼儿园总数为 20.99 万所，比 2005 年增加了 8.55 万所（如图 2-8 所示）。

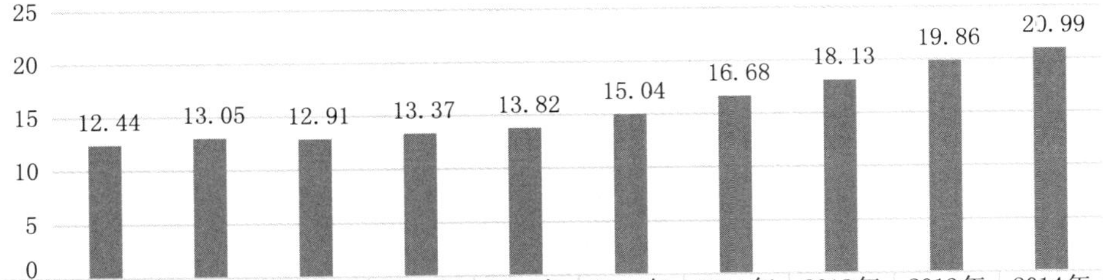

年份	2005年	2006年	2007年	2008年	2009年	2010年	2011年	2012年	2013年	2014年
■数量	12.44	13.05	12.91	13.37	13.82	15.04	16.68	18.13	19.86	20.99

图 2-8　2005—2014 年我国幼儿园数量（万所）

2005—2014 年，我国幼儿园园长与教师数量也呈现平稳增长的态势，这一增长比幼儿园数量增长更为迅猛。到 2014 年，我国幼儿园园长和教师总数为 208.03 万人（如图 2-9 所示）。

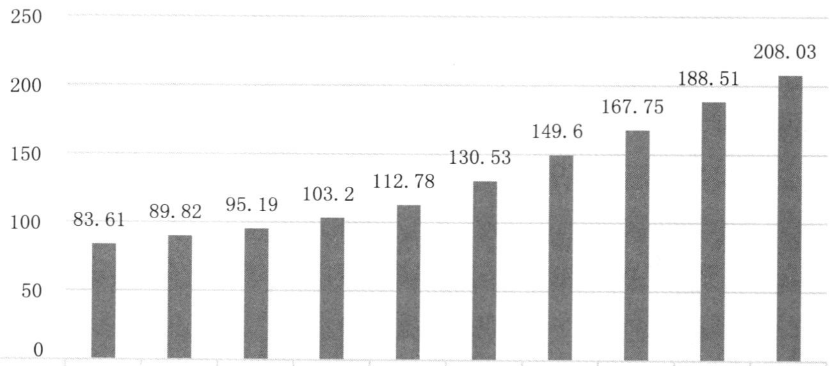

年份	2005 年	2006年	2007 年	2008年	2009 年	2010 年	2011年	2012年	2013年	2014年
■ 园长与教师数量	83.61	89.82	95.19	103.2	112.78	130.53	149.6	167.75	188.51	208.03

图 2-9　2005—2014 年我国幼儿园园长与教师数量（万）

根据主办单位的不同，我国幼儿园大致可以分为四类：公办、民办、集体办和其他。2013 年我国幼儿园各类主办单位统计数据显示，公办幼儿园约占 23%，民办幼儿园约占 67%，集体办和其他占 10%（如图 2-10 所示）。

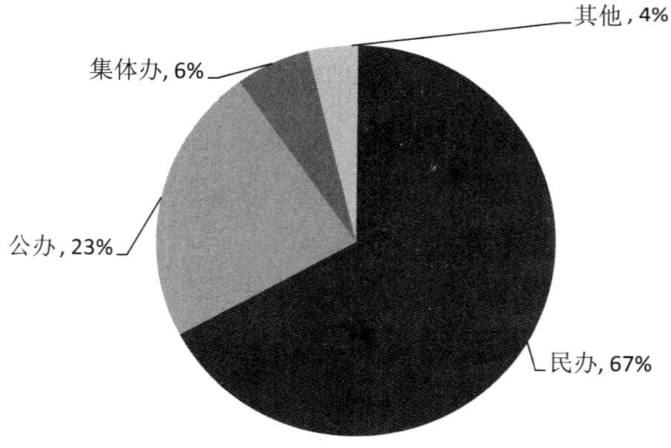

图 2-10　2013 年我国幼儿园各类主办单位统计

由此可见，目前公办幼儿园可谓“一票难求”。公办幼儿园由于是国家机构建设的，办学经费和员工工资均由财政拨付，因此相对来说办学条件较好且收费低廉，在家长中口碑较好。但由于公办幼儿园数量仅占总数的两成，因此入园难以及不得不选择其他类型幼儿园已成为如今的社会常态。

正因为如此，目前民办幼儿园不仅是公办幼儿园的重要补充，而且由于占近七成数量，也成为大多数家长的选择。相对而言，民办幼儿园在管理模式、教学模式和收费情况等方面都更为灵活，在市场规律的调节下出现了高、中、低档的分层。虽然目前社会上仍以与公办幼儿园并行的普惠性民办幼儿园为主，但近年来有特色的高端幼儿园不断增多。

《国家中长期教育改革和发展规划纲要（2010—2020 年）》指出，目前我国学前教育的发展任务包括“建立政府主导、社会参与、公办民办并举的办园体制。积极发展公办幼儿园，大力扶持民办幼儿园”。另外，“十三五”规划建议中也提到，要“发展学前教育，鼓励普惠性幼儿园发展”。纵观 K12 教育阶段，学前教育是民办教育发展最自由的空间，同时还有国家政策的扶持和鼓励。

（三）幼儿园入园率及在园幼儿数量

根据国家统计局的数据，2009—2014 年，我国幼儿园入园率增长平稳，2014 年的入园率为 70.50%，比 2009 年提高 20.20%（如图 2-11 所示）。同年，我国在园幼儿数量为4 050.71万人，比 2005 年增加1 871.68万人（如图 2-12 所示）。

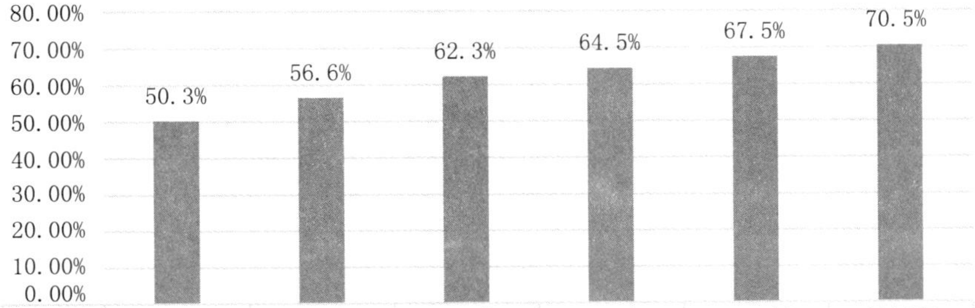

年份	2009年	2010年	2011年	2012年	2013年	2014年
■入园率	50.3%	56.6%	62.3%	64.5%	67.5%	70.5%

图 2-11　2009—2014 年幼儿园入园率统计

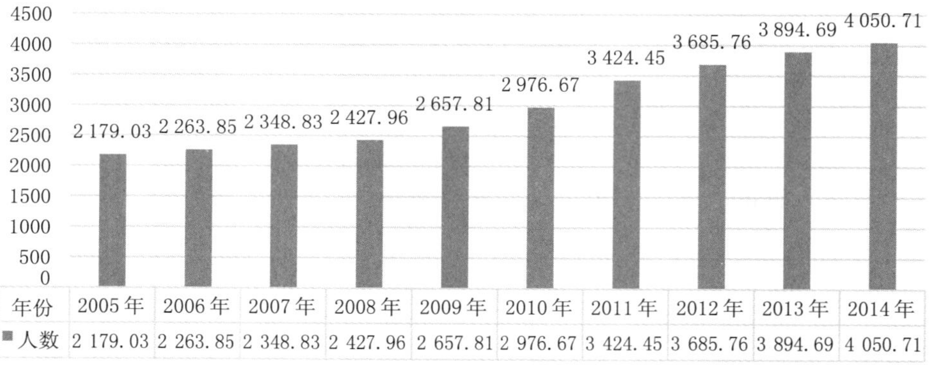

图 2-12 2005—2014 年我国在园幼儿数量(万)

《国家中长期教育改革和发展规划纲要(2010—2020 年)》明确提出了 2009 年、2015 年和 2020 年幼儿在园人数、学前三年毛入园率和学前一年毛入园率的目标。目前来看,要使毛入园率达标,仍需努力(如表 2-7 所示)。

表 2-7 2009 年、2015 年和 2020 年幼儿在园人数、学前三年毛入园率和学前一年毛入园率目标

年份	2009 年	2015 年	2020 年
幼儿在园人数(万)	2 658	3 530	4 000
学前三年毛入园率	50.9%	62%	75%
学前一年毛入园率	74%	90%	95%

二、我国中小学各项发展数据

(一)中小学在校生、学校和教师数量

根据国家统计局公布的各年数据,2014 年,我国小学在校生共有9 451.1万人,初中在校生4 384.6万人,高中在校生2 400.5万人。相较于 2005 年,小学在校生减少了1 412.9万人,初中在校生减少了1 830.5万人,高中在校生减少了 8.6 万人(如图 2-13 所示)。可见,各个阶段的在校生数量均有不同程度的下滑,义务教育阶段的下滑程度尤为严重,这与我国“少子化”现状、农村“撤点并校”政策、城镇化进程等有关。

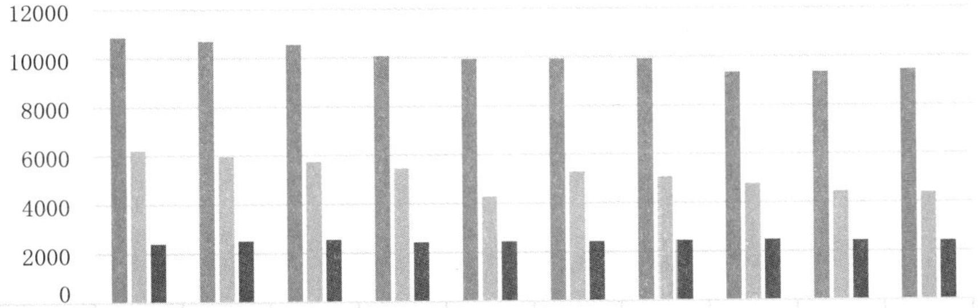

年份	2005年	2006年	2007年	2008年	2009年	2010年	2011年	2012年	2013年	2014年
小学在校生	10 864	10 712	10 564	10 072	9 940.7	9 940.7	9 926.4	9 360.3	9 360.6	9 451.1
初中在校生	6 214.9	5 958	5 736.2	5 440.9	4 279.3	5 279.3	5 066.8	4 763.1	4 440.1	4 384.6
高中在校生	2 409.1	2 514.5	2 552.4	2 434.3	2 437.3	2 427.3	2 454.8	2 481.6	2 435.9	2 400.5

图 2-13 2005—2014 年我国中小学在校生数量(万)

2005—2014 年,除小学外,初中和高中学校数量略有下降:2014 年,我国初中学校共有 5.26 万所,高中学校共有 1.33 万所,相比 2005 年,初中学校减少了 0.94 万所,高中学校减少了 0.27 万所。小学由于受到“撤点并校”政策的影响,数量减少较多,2014 年共有小学 20.14 万所,比 2005 年减少了 16.48 万所(如图 2-14 所示)。

“撤点并校”的初衷是优化农村教育资源配置,摒弃“村村办学”的方式,将学生集中到中心校,美国也曾实施过这项措施。我国农村在计划生育政策的影响下,近年来人口逐年减少。“撤点并校”主要针对偏远地区的教学点,希望通过这项措施使得合并后的中心校在硬件设施、教师质量和配备以及教育经费方面获得提升。“撤点并校”的影响不仅是深远的,而且是全方位的,学生的人身安全、身体健康、家庭教育等都受到了挑战。就教育而言,区域学生超负荷激增、低龄学生寄宿、学生教育负担加重都是无可回避的现实弊端。

2005—2014 年,我国中小学专任教师的数量基本持平,其中高中专任教师数量有小幅度的增长。2014 年,我国共有小学专任教师 563.39 万人,初中专任教师 348.84 万人,高中专任教师 166.27 万人。相比 2005 年,小学专任教师增长了 4.14 万人,初中专任教师减少了 0.37 万人,高中专任教师增长了 36.32 万人(如图 2-15 所示)。

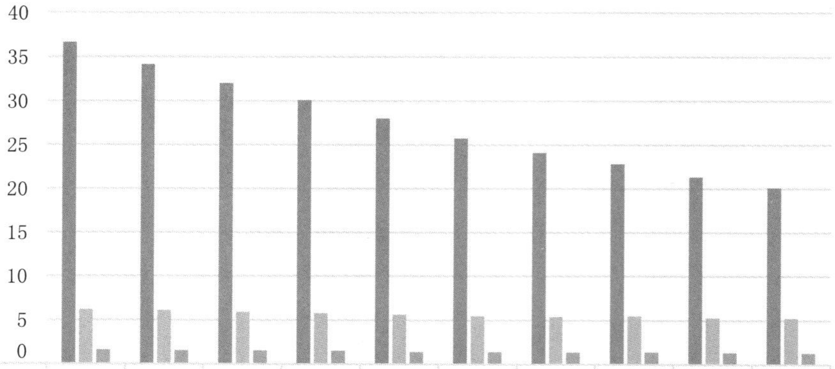

年份	2005年	2006年	2007年	2008年	2009年	2010年	2011年	2012年	2013年	2014年
小学学校	36.62	34.16	32.01	30.09	28.03	25.74	24.12	22.85	21.35	20.14
初中学校	6.2	6.1	5.94	5.79	5.63	5.49	5.41	5.48	5.28	5.26
高中学校	1.6	1.56	1.56	1.52	1.4	1.4	1.37	1.42	1.34	1.33

图2-14 2005—2014年我国中小学学校数量(万)

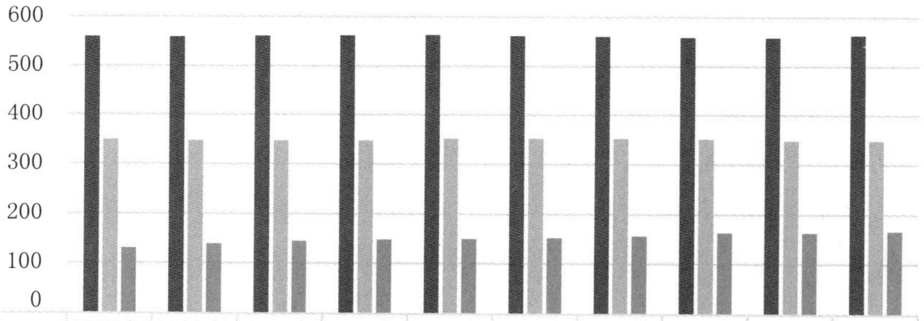

年份	2005年	2006年	2007年	2008年	2009年	2010年	2011年	2012年	2013年	2014年
小学专任教师	559.25	558.76	561.26	562.19	563.34	561.71	560.49	558.55	558.46	563.39
初中专任教师	349.21	347.5	347.3	347.55	351.8	352.54	352.45	351.2	348.1	348.84
高中专任教师	129.95	138.72	144.31	147.55	149.33	151.82	155.68	162.9	162.9	166.27

图2-15 2005—2014年我国中小学专任教师数量(万)

(二)中小学毛(净)入学率

毛入学率是指该学段在学人数与符合该学段年龄的总人口之比。由于小学阶段的学生年龄比较固定,因此小学部分以净入学率来考察。2009—2014

年，我国初中和小学阶段毛（净）入学率基本接近 100%，高中毛入学率基本以每年 1%的速度增长（如图 2-16 所示）。根据《国家中长期教育改革和发展规划纲要（2010—2020 年）》，到 2020 年，我国高中阶段毛入学率要达到 90%。

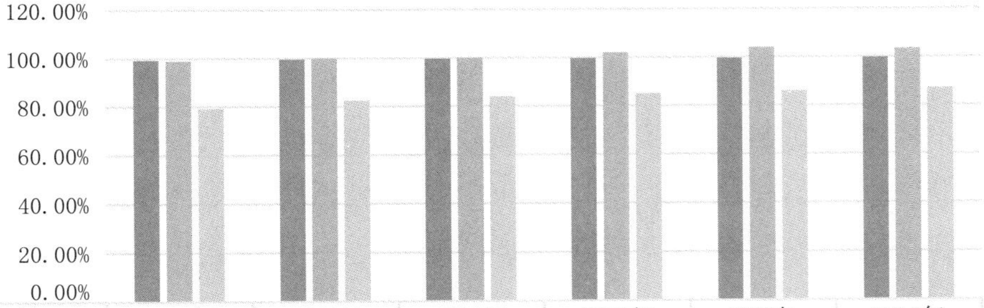

年份	2009年	2010年	2011年	2012年	2013年	2014年
■小学净入学率	99.40%	99.70%	99.79%	99.85%	99.71%	99.81%
■初中毛入学率	99%	100.10%	100.10%	102.10%	104.10%	103.50%
■高中毛入学率	79.20%	82.50%	84%	85%	86%	87%

图 2-16　2009—2014 年我国中小学毛（净）入学率

三、我国互联网及移动互联网普及情况

自 1994 年中科院的一条 64K 国际专线连接到国际互联网，我国“触网”已经有 20 余年。根据第 40 次《中国互联网络发展状况统计报告》：截至 2017 年 6 月，中国网民规模达到 7.51 亿，占全球网民总数的五分之一；互联网普及率为 54.3%，超过全球平均水平 4.6 个百分点（如图 2-17 所示）。[①]

截至 2017 年 6 月，我国手机网民规模达 7.24 亿，较 2016 年年底增加2 830 万人。网民中使用手机上网的比例由 2016 年年底的 95.1%提升至 2017 年 6 月的 96.3%，手机上网比例持续提升（如图 2-18 所示）。

---

① 中国互联网络信息中心. 第 40 次《中国互联网络发展状况统计报告》[R/OL]. (2017-08-04)[2017-08-31]. http://www.cnnic.cn/hlwfzyj/hlwxzbg/hlwtjbg/201708/t20170803_69444.htm

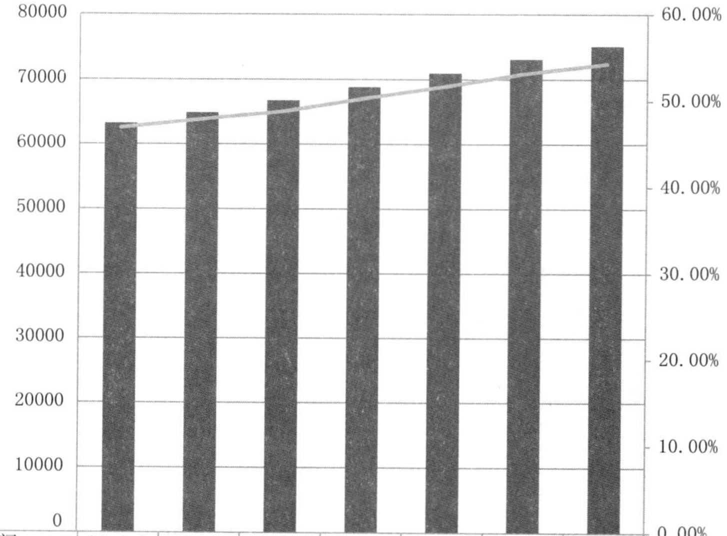

时间	2014.6	2014.12	2015.6	2015.12	2016.6	2016.12	2017.6
网民规模（万）	63 200	64 875	66 769	68 826	70 958	73 125	75 116
互联网普及率	46.9%	47.9%	48.8%	50.3%	51.7%	53.2%	54.3%

图 2-17 中国网民规模和互联网普及率

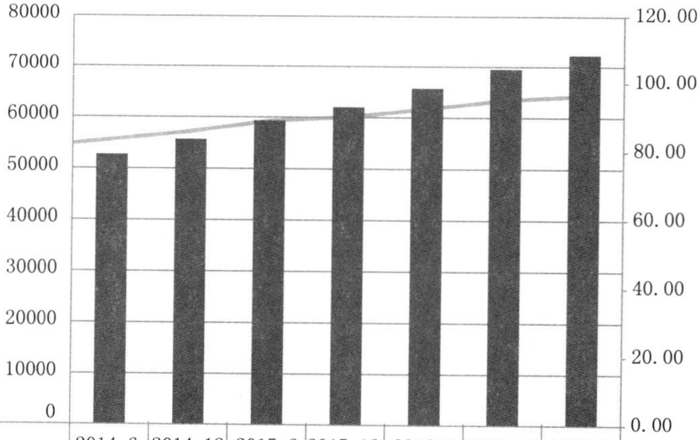

时间	2014.6	2014.12	2015.6	2015.12	2016.6	2016.12	2017.6
手机网民规模（万）	52 705	55 678	59 357	61 981	65 637	69 531	72 361
手机网民占整体网民比例	83.4%	85.8%	88.9%	90.1%	92.5%	95.1%	96.3%

图 2-18 中国手机网民规模及其占整体网民比例

从年龄分层来看，我国网民年龄结构依然偏向年轻，以 10—39 岁群体为主，占整体的 72.1%。

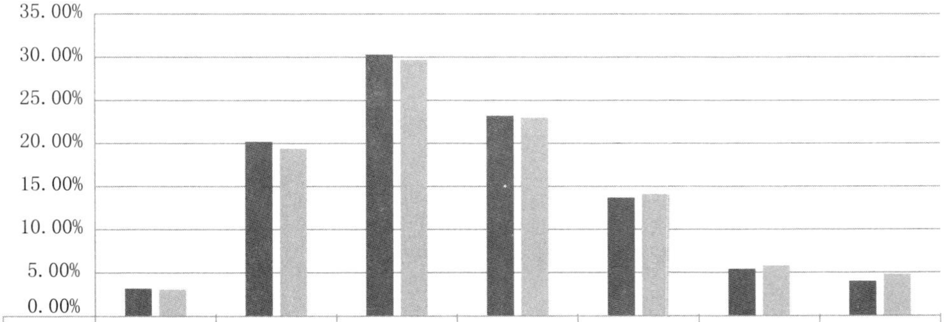

年龄段	10岁以下	10—19岁	20—29岁	30—39岁	40—49岁	50—59岁	60岁以上
2016.12	3.2%	20.2%	30.3%	23.2%	13.7%	5.4%	4.0%
2017.6	3.1%	19.4%	29.7%	23.0%	14.1%	5.8%	4.8%

图 2-19　中国网民年龄结构

网络在人们生活中的深度渗透、手机设备的强大功能、各大运营商流量费用的不断下调直接降低了互联网的准入门槛，这有利于教育应用的传播和使用，尤其是占用流量较多的在线课程、1 对 1 视频、资料下载等。

第四节　技术

近代以来，人类共经历了三次科技革命，每一次都使生产力发生了巨大的飞跃，对世界经济发展和生产、生活方式的变革产生了极其深刻的影响。目前我们正在经历的信息技术革命正在将人类带入一个前所未有的数字化时代。科技的发展不仅在改造自然、提升生产力等方面对人类社会作出了巨大贡献，同时也在深刻地改变着整个社会的组织与构建方式、人类个体的生存方式以及人与社会的存在关系。科技正在全世界范围内进行着重组与整合。

世界知识产权组织在 1977 年版的《供发展中国家使用的许可证贸易手册》中，给技术下了一个定义："技术是制造一种产品的系统知识、所采用的一种工艺或提供的一项服务，这种知识或者反映在一项发明、一项外形设计、一种植物新品种上，或者反映在技术情报或技能中，或者反映在设计、安装、开办、维修一个工厂以及为一个企业提供服务或协助等方面。”技术的特点是解决实际问题，在在线教育领域，技术目前解决的问题主要围绕着效率与公平展开。

在技术对教育的变革方面，我们可以参考美国新媒体联盟近年来发布的报告。该联盟是一家非营利性机构，并于 2002 年启动了“地平线报告”项目，旨在勾勒出影响全球教育领域的教、学以及创造性的新技术。针对基础教育，“地平线报告”项目大致从关键趋势、主要挑战和重要进展三个方面进行阐述。

一、2013—2016 年基础教育技术的关键趋势

结合我国 K12 在线教育的行业发展情况，从短期趋势看，2014 年 K12 在线教育产品的扎堆出现，包括智能题库和拍照解题类 App、在线作业类平台、在线录直播课程网站的涌入和推广使得教师开始关注自身角色的定位。部分标准化的教学环节在技术的推动下正在向着“去教师化”的方向奔跑。K12 领域的在线教育产品也逐渐从课堂外向课堂内渗透，从学生向老师渗透，从多媒体辅助向深层次的教育变革渗透。

教育这一传统行业正在经历着线下到线上的场景转换，但现阶段最为有效而温和的变革是线下与线上的互补与交融。比如翻转课堂，这是混合式学习最基础的一种形式。

另外，我国《教育信息化十年发展规划(2011—2020 年)》中明确提出了“缩小基础教育数字鸿沟，促进优质教育资源共享”的发展目标，教育资源的共建共享成为这一阶段由国家主导的教育信息化变革的重中之重。另外，随着在线教育行业的发展，一方面，既有的教育资源已经随着市场发展完成了再积累和升级；另一方面，知识产权成为互联网追逐的热点，内容版权不断受到市场重视。这两方面也将加速在线教育行业内容资源的建设与质量提升。

除此之外，随着我国考试制度的改革和评价机制的调整，越来越多的企业和学校开始关注学生学习活动相关数据的采集，以便更好地了解学生学习的过

程，进而利用这些数据调整教学内容和教学方法。因此，基于大数据的学情分析和志愿填报也将成为K12在线教育的一大亮点。

从中期趋势看，手机成为学生使用最为普遍的移动设备。虽然受制于社会文化的影响，手机在校园中的地位仍然较为尴尬，但其仍是学生接入互联网的最主要入口。根据CNNIC最新统计数据，截至2015年12月，我国手机网民规模达6.2亿，网民中使用手机上网的比例为90.1%。因此，不管是在教育资源的建设与共享、混合式学习的推进上，还是在学生数据采集与分析方面，我们都应该特别关注移动设备，尤其是手机的作用与价值。

手机在在线教育中不仅扮演着硬件终端的角色，也是学生个体以自我为中心，与外界进行连接与分享的重要媒介。我国教育改革强调学生由被动学习向主动学习进行转化，课堂也要从以教师为中心向以学生为中心进行改变，这两点改变其实有着深层的含义。当前，我国仍处在应试教育状态，且这一模式已深入人心。要想从应试教育向素质教育进行过渡和转化，单纯的课程和考评机制改革只是其中的一部分，重点在于参与者，包括学生、老师、学校、家长等的转变。没有改变后的学生和老师，也就很难有《教育信息化十年发展规划(2011—2020年)》中提到的"启发式、探究式、讨论式、参与式教学"，学生学习数据的采集与分析也将沦为鸡肋。

从长期趋势看，互联网时代的学习开始逐渐摆脱工业时代的印记。教学从组织方式、流程管理、参与方式等方面都有全新的改变。考虑到国情，我国的高考改革已经启动了上海和浙江两个试点，2017年正式采用"3+3"形式高考，其他省份也将在今后一段时间内相继进行改革。江苏省已确定新一轮高考综合改革方案从2018年秋季入学的高一新生起开始启用，在2021年普通高考中正式实施。不难看出，我国初高中阶段的在线教育将直接受到高考改革的影响，且这一影响将在更长的时间内以波浪式影响到小学阶段。因此，我国教育技术的长期趋势必然伴随着体制内的制度改革，且改革对市场的影响颇为巨大。

从这样的视角去分析这三类关键趋势，我们可以看到：短期趋势针对的是内容与定位，中期趋势针对的是方式与行为，长期趋势针对的是人与生态的融合。

表 2-8　2013—2016 年基础教育技术的关键趋势

	2013	2014	2015	2016
短期趋势（1—2 年）	学生通过互联网获得海量资源和广泛的人际交流机会，促使我们重新思考教育者自身的角色	重塑教师角色 追求深度学习	更多地采用混合式学习 STEAM 学习兴起	开放教育资源快速增加
中期趋势（3—5 年）	开放性——开放内容、数据、资源等，数据和信息的透明度与易获取的理念正在成为一种新的价值观 学生携带移动设备上学的现象日益普遍	增加开放教育资源关注度 促进混合式学习	更多地采用合作学习 学生角色由教育消费者向创造者转变	日益注重学习的测量
长期趋势（5 年及以上）	向在线学习、混合式学习和协作式学习的模式转型 社交媒体正在改变人们互动、发布观点及信息、人际交流的方式	加强知觉技术应用，重建学习运行机制	重建学校运作方式 向深度学习转变	学生从教育消费者转变为创造者

二、2013—2016 年基础教育技术的主要挑战

从“可应对挑战”看，2013—2016 年，基础教育技术挑战内容主要围绕着教师群体（如表 2-9 所示）。但在我国的 K12 在线教育市场上，产品主要针对学生群体，大部分教师群体仍活在体制的真空中，他们对于教育技术和相关产品并未产生真正的兴趣和使用动力，同时也缺乏接触的渠道。数字媒介素养日益成为所有学科和职业领域的关键技能，但在教师教育和培训中，大家对这种科技能力的培养却重视不够。教师科技素养的缺乏会限制学生的发展和学习。2014 年，教育部发布了《中小学教师信息技术应用能力标准（试行）》，提出“根据教师教育教学工作与专业发展主线，将信息技术应用能力区分为技术素养、计划与准备、组织与管理、评估与诊断、学习与发展五个维度”。目前，我国教师的信息技术培养还处在数字化工具使用方面，未来将向数字化思维、教育与技术的深度融合发展，教育技术将为教师这一职业提出更高的要求。

但我们也应该看到，虽然教师这一行业在我国越来越受到社会重视，但教

师群体的薪资仍然处在较低的水平。国家财政拨款不足也导致教师培训方面的资金短缺以及教师群体对于先进教育技术的接触和使用有所限制。“有难度挑战”里提出了“创造真实学习机会”，这是指将现实生活体验引入课堂学习，促进学生更多地寻求校外的社会实践机会，并通过校内经历为适应校外生活做好准备。这样的机会创造不仅需要教师有较强的能力与开阔的眼界，同时需要一个有效的连接机制。教师将数字化策略运用到日常教学中去，不仅可以成为学生学习的“教师”，还能够成为学生成长的“导师”。这对于教师自身的能力提出了新的挑战。

针对“严峻挑战”中的教学创新，在我国目前的教育现状下，可能从如何突破应试教育的角度来谈更有现实意义。

从这样的视角去分析这三类主要挑战，我们可以看到：可应对挑战针对的是教育与技术在教师群体中的普及与应用，有难度挑战针对的是教师角色与工作的重新定位，严峻挑战针对的是在全新的技术环境下教师的创新与发展。

表 2-9　2013—2016 年基础教育技术的主要挑战

	2013 年	2014 年	2015 年	2016 年
可应对挑战	持续的教师专业发展需要被重视并融入学校文化中 教育自身的实践限制了新技术的广泛应用	提供实景学习机会 整合个性化学习	将技术与教师教育相融合，创造实景学习机会 在教师教育与培训中突出科技素养	将技术与教师教育相融合
有难度挑战	新的教育模式正给传统教育模式带来前所未有的挑战 基础教育必须面对日益增强的正式与非正式学习的融合	培育复合思维及交流能力 确保学生信息安全	个性化学习 重新定义教师角色	创造真实学习机会
严峻挑战	当前的技术和实践并不能为个性化学习提供充分的支持 尚未找到应用数字化媒体开展形成性评价的方法	应对新教学模式的竞争 推动正规教育与时俱进	大规模推广复合思维教学	促进教学创新

三、2013—2016 年基础教育技术的重要进展

结合我国 K12 在线教育领域的发展情况，我们把 2013—2016 年基础教育技术的重要进展进行了如下整理（如表 2-10 所示）。

表 2-10　2013—2016 年基础教育技术的重要进展

	2013	2014	2015	2016
1 年之内	数字徽章 可穿戴技术	3D 打印 自适应学习技术	自带设备 创客空间	云计算 翻转课堂 创客空间 移动学习
2—3 年	学习分析 开放内容	游戏和游戏化 学习分析	3D 打印 自适应学习技术	3D 打印 3D 视频 学习分析 大规模开放在线课程
4—5 年	3D 打印 虚拟和远程实验室	物联网 可穿戴技术	数字徽章 可穿戴技术	自适应学习 智能评分技术 虚拟及远程实验室 可穿戴技术

（一）云计算

云计算技术是指互联网从专门的数据中心向用户提供可扩展的定制型服务和工具。云计算技术在教育领域的具象化产物为教育云平台，它是利用先进的云计算技术，将教育信息化要求的硬件计算资源通过虚拟化手段进行统一部署和管理，提供各种软件平台和存储服务，并将教育信息化所需要的资源和应用系统进行整合，通过互联网向教育机构、教育从业人员和学员提供按需服务的基础框架。采用云计算技术建设教育云平台是《教育信息化十年发展规划（2011—2020 年）》中明确提出的一项信息新技术的应用。同时，2012 年 9 月，刘延东同志在全国教育信息化工作电视电话会议上也明确提出，“十二五”期间，要以建设好“三通两平台”为抓手，也就是“宽带网络校校通、优质资源班班通、网络学习空间人人通”，建设教育资源公共服务平台和教育管理公共服务

平台。

目前，国家教育资源公共服务平台已建成，其中，针对中小学的主要有同步资源库、网校课程以及数字教育资源超市服务。数字教育资源超市通过开放的程序接口将第三方资源和应用纳入平台之中。这对于我国普及教育信息化应用，以及对偏远地区推广教育应用和实现教育资源的共建共享具有重要的意义。另外，各省份也在构建本省的教育云平台，推动区域内教育资源的共建共享。如甘肃省中小学教育云平台、江苏省基础教育云计算服务平台等。

国外也有很多云计算技术基础设施案例。例如，2009 年韩国政府制定了《云计算全面振兴计划》，预计韩国的教育科学技术部在 2013 年前可以因此减少终端采购预算的 20%、电量使用的 90%、维护管理费用的 60%。2011 年 7 月，韩国政府推出一项计划，打算在 2015 年前全面实现学生课本数字化改造，采用云计算网络系统辅助教学，帮助学生实现个性化学习。①

《教育信息化十年发展规划（2011—2020 年）》对“国家教育云服务平台”进行了分层描述，将其分为基础云环境（教育云基础平台）和在此基础上的两个云计算应用平台（云资源平台、云教育管理服务平台）。基础云部分与网络硬件计算环境密切相关，应用云部分与教育信息化应用业务特征密切相关。基于此，未来学校将从硬件和软件的采买转向数据和服务的采买。②

另外，中央电化教育馆作为国家教育资源公共服务平台及资源中心的建设与应用推动责任单位，提出了规模化云服务的十种模式（如图 2-20 所示）。③

模式 1：同步课堂

主要用于帮助农村边远地区义务教育学校开足、开好国家课程标准规定课程。

模式 2：推送资源

主要为广大教师推送支持课堂教学的优质教育资源，促进教师积极运用信

① 规划编制专家组．解读教育信息化十年发展规划（2011—2020）[M]．北京：人民教育出版社，2012：59.

② 规划编制专家组．解读教育信息化十年发展规划（2011—2020）[M]．北京：人民教育出版社，2012：60.

③ 教育部教育信息化战略研究基地（华中）．中国教育信息化发展报告（2013）[M]．北京：人民教育出版社，2015：215.

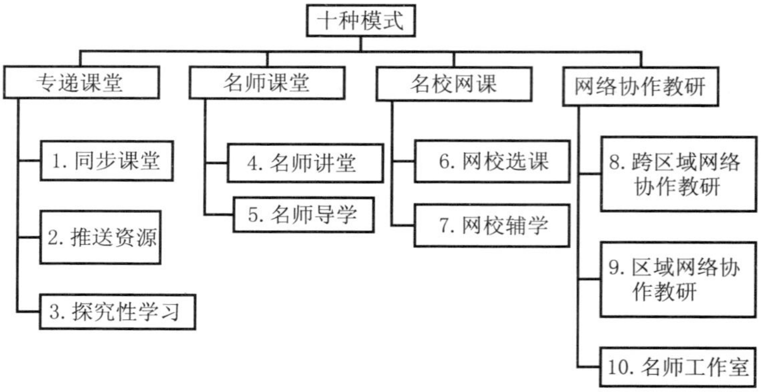

图 2-20　规模化云服务的十种模式

息技术，提高教育教学质量。

模式3：探究性学习

学生利用平台提供的智能导航工具在教师的组织下进行探究性学习。

模式4：名师讲堂

名师讲解学科重点难点，帮助学生更好地达成学习目标。

模式5：名师导学

将教师课堂讲授与智能学习系统的诊断和导学相结合，实现差异化教学和个性化指导，提高学生的学习能力。

模式6：网校选课

利用国家数字教育资源公共服务平台，汇聚基础教育名校和职业教育示范校资源，开设网络学校，为学校集体组织学生选修高中网络课程和职业学校开设新专业网络课程提供服务。

模式7：网校辅学

学生根据个人兴趣爱好和学习需要，选修名校网校课程，满足个性化学习需求。

模式8：跨区域网络协作教研

利用国家数字教育资源公共服务平台提供的虚拟教研社区功能，组织不同区域教师开展协作教研活动，实现交流学习、优势互补、共同提高。

模式9：区域网络协作教研

帮助各地将本地常规教研活动迁移到国家数字教育资源公共服务平台上来，缓解教师参加教研活动的工学矛盾，有效提高本地教研效率和效果。

模式10：名师工作室

有组织地开放特级教师和学科骨干教师实名制教师空间，为广大教师有针对性地选择与自己教育教学相关的专家或专家团队进行持续的教学科研提供服务。

（二）创客空间、3D打印、虚拟和远程实验室

这三项重要技术进展与近年来STEM学习的兴起有着重要联系。STEM课程是科学（Science）、技术（Technology）、工程（Engineering）、数学（Mathematics）课程的总称，并强调以上学科的交叉融合，旨在培养学生的创新精神和实践能力。

2006年1月，美国总统布什在《美国竞争力计划》中提出，知识经济时代，教育的目标之一是培养具有STEM素养的人才，这是使国家具有全球竞争力的关键。由此，美国在STEM教育方面不断加大投入，鼓励学生主修科学、技术、工程和数学，培养其科技理工素养。在中国，2015年9月，江苏省青少年科技中心、江苏省科技教育协会和教育部基础教育实验室建设与实验教学研究中心（南京市教育局）签订了合作框架协议，正式开展STEM课程。

创客空间简单来说就是一个具有加工车间、工作室功能的开放实验室。创客空间鼓励学生动手实操，使用各种工具，包括3D打印机、智能机器人、基于网络的3D建模程序等来实现自己的想法。3D打印是一种从三维数字形式立体构造物理对象的快速成型技术。3D打印在教育领域的一个重要价值在于借助它能够更加真实地感知事物，为学生创造更多实景学习的机会。

除此之外，虚拟和远程实验室则是将部分实景学习在线虚拟化，从而增加学生接触和使用科学工具的机会。虚拟实验室可以模拟真实实验室的操作，而远程实验室则提供了一个与现实实验室对接的虚拟窗口，使得学生可以更为轻松地面对实验中可能出现的错误，教师也可以通过观看学生操作的实验录像来

进行指导。

从我国 K12 在线教育的发展来看，主打素质教育的乐博乐博机器人、萝卜太辣、鲨鱼公园、嘿哈科技等产品更多受到培训机构的青睐，这也进一步说明，教育培训将不再囿于应试教育的框架，STEM 的兴起将开拓出一片新市场。

（三）可穿戴设备、自带设备

可穿戴设备和自带设备都是在人体外设的智能设备，它们在教育环节中既充当着人体行为的采集器，也充当着人体器官的放大器。

可穿戴设备是指那些能够被用户以配饰形式（例如珠宝首饰、墨镜、背包乃至鞋子、夹克等）所穿戴的计算机设备。可穿戴设备的优势在于它能够方便地记录并整合人的睡眠监测、运动记录、地理定位和社交媒体交互行为。近两年最火热的便是谷歌眼镜，它能够向用户呈现其眼前的周边环境信息。另外，智能头盔型穿戴产品也开始将虚拟现实技术整合进来。在教育领域，目前的可穿戴设备主要应用在手表上，有多家企业推出了主要针对幼儿园及小学生群体的儿童智能手表产品。但这类产品主要体现了“保教合一”原则中对儿童的保护，并没有过多涉足教育领域。而儿童教育领域的硬件产品目前鲜有与可穿戴技术相结合的，这一方面受制于技术的发展，另一方面受制于家长群体对此类产品的担忧，可穿戴设备是否会对孩子的健康造成不良影响目前还没有定论。因此，可穿戴设备与教育的结合仍需时日。

自带设备包括人们在工作和学习环境中携带的笔记本、平板电脑、智能手机及其他移动设备。自带设备的价值并不在于设备本身，而在于用户如何使用该设备以及由此开创的全新的教与学行为。从这个角度看，国内的电子书包、学习平板等产品其实在设计之初便过于囿于形式，而弱化了其对课堂教学的改变。从世界范围来看，自带设备有助于促进以学生为中心的教学模式的发展，但在国内，可以联网的手机是否可以进入课堂还存在争议，如何提高数字时代学生和老师的媒介素养仍然是自带设备在教育领域发展与普及的一个重要问题。

(四)数字徽章、学习分析、自适应学习、智能评分技术

这四项重要技术都涉及教与学的过程环节,而过程又是整个教育的核心,因此,此类技术将对教育产生由内而外的影响。也正因为此,相比于以上的教育技术,深入教学过程的技术变革需要更多的时间来被各方采纳。

数字徽章在国内相对来说还比较鲜见。它是一种在线评估和资格认证的机制,是一种在不同学习环境中获得成就、技能等的指标。与传统学位和资格认证相比,数字徽章更加注重学习者的综合能力,也更加适应在线学习环境下学习者的弹性学习需求。在高等教育领域,慕课的出现推动了高校对于在线学习成果的认可,我们一般称之为"学分互认"或"学分银行",其前提是学生学习过程中包含了正式学习和非正式学习、必修和选修的组合。这点在基础教育领域还有漫长的道路要走,但新一轮的高考改革可能会加速这一进程。

自适应学习和智能评分技术其实都在学习分析的范畴。学习分析涉及学生学习的多个环节和场景,通过收集学生在在线学习中的大数据并进行分析,系统可以掌握学生的学习特征并为其提供个性化的指导意见。实际上,大多数传统学校在设计教学之初考虑的是处于平均水平的学生。但现实中,也许并不存在这样一个群体。基于平均水平设计教育系统的做法会同时损害位于正态分布曲线两侧的学生,它不仅会让学有余力的学生感到"吃不饱",也会让没有学懂的学生感到更吃力。因此,衡量的标尺需要不断被细化,过去这种以一群人为衡量标尺的做法目前正在被大数据的个性化所取代。[①] 此时,自适应学习技术就显得较有价值。学生在线学习时,学习软件或在线平台能根据学习者的需求、交互和学习成果水平而调整,然后预测学生在某个特定时间点需要哪些学习内容和资源方能取得进步。虽然现在的 K12 教学更依赖老师的经验,但随着以学习者为中心的个性化学习兴起以及技术的更新迭代,基于用户大数据的学习指导将更加精准和高效。

---

① 舍恩伯格,库克耶. 与大数据同行:学习和教育的未来[M]. 赵中建,张燕南,译. 上海:华东师范大学出版社,2015:36.

相对于学生学习，教师的日常工作也是技术需要关注的领域之一。与课前备课和课中上课相比，教师的课后作业批改环节更具备标准化的可能。因此，市场出现了一些以智能评分技术为核心的智能评分系统。目前，国内出现的智能评分系统主要是减轻教师的客观题评判工作量，并通过技术手段进行一定范围内考试情况的统计。但这类系统存在两个问题：第一是使用频率相对较低，它主要适用于大规模的考试阅卷；第二是由于与试卷内容的关联度低，因此它对数据的采集是断层的，无法将测评和日常学习联动起来。而智能评分技术是与自适应学习平台紧密相关的，也就是说，学生在学习后可以通过学习效果的评估来了解自己的学习情况，该评估也将成为自适应平台的数据再次进入到对学生的个性化服务之中。

第三章　在线教育时代教师群体的态度与定位

在线教育时代，知识的大爆炸以及传播的便捷性使得“人人为师”成为可能，这带来的结果便是过去由教师独占的知识匣子在今天可以被任何人打开，并可以进行新的编辑、解读和传播。教师工作中可以被量化、标准化和统一化的内容将在在线教育时代被最先颠覆，而剩余需要发挥教师主观能动性的部分，则是教师这一行业的精华和价值所在。

由于 K12 教育阶段的特殊性，教师成为连接学校、学生和家长的重要纽带，因此，教师群体信息素养的提升和价值定位的转变可能推动在线教育跨越临界点，进入到下一层次的发展阶段。

第一节　在线教育时代教师群体的属性与行为分析

不管是线上还是线下，教师都是教育活动中极为重要的一环。在 K12 教学中，教师不仅扮演着教育者的角色，还成为学校、家长和学生之间连接的重要纽带。教师不仅仅肩负着“传道”“授业”“解惑”三大职责，还需要在互联网的环境中不断更新和提高自己。教师这一群体的特殊性使得其不仅仅是在线教育产品的使用者，还是参与者，甚至是在线教育生态系统的构建者。本次调研选择了初高中教师这一群体，通过在线问卷的形式对其使用在线教育产品的行为进行了较为全面的剖析。本次调研历时一个月，共收到问卷 565 份，其中有效问卷 535 份，有效率达到 94.7%。

本次调研特别感谢学科网挑错建议团队的支持与配合。

一、使用在线教育产品的初高中教师基本属性

(一)性别结构

从图3-1来看,本次调研的初高中教师中,男性教师明显多于女性教师,二者的比例几乎达到了2:1。

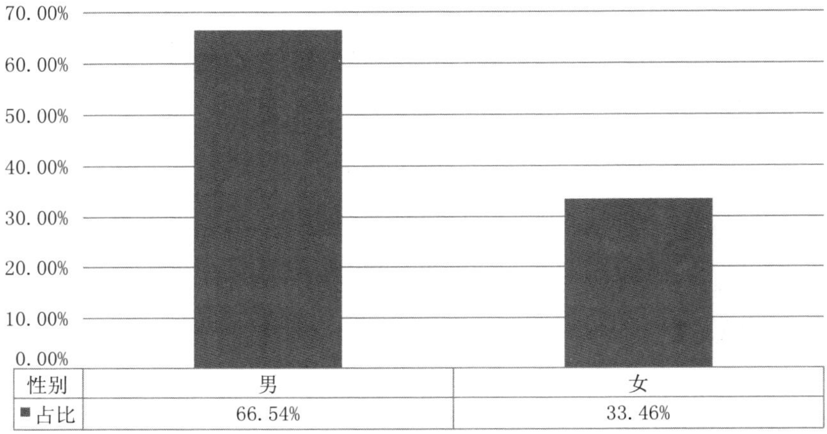

图3-1 使用在线教育产品的教师性别结构

(二)年龄结构

从图3-2来看,本次调研的初高中教师年龄分布相对比较均匀,其中,26—30岁的教师数量最多,占比达到20.75%,25岁以下和46岁以上的教师群体相对较少。

从我国网民结构看,根据CNNIC的报告,我国20—29岁网民占比最多,达到31.4%。其次为10—19岁和30—39岁网民。但就教师这一职业来看,25岁以下的年轻教师显然不是在线教育产品的主要用户群体,具有3—7年教龄的青年教师在积累了一定的教学和工作经验后更能够将在线教育产品应用到日常的教学和工作中去。

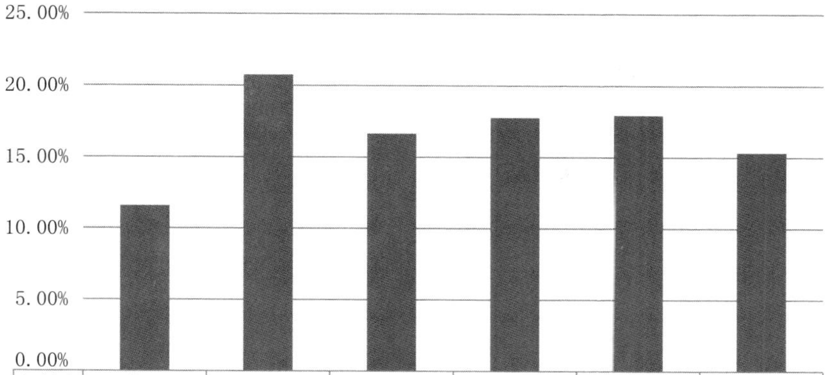

年龄段	25岁以下	26—30岁	31—35岁	36—40岁	41—45岁	46岁以上
■占比	11.59%	20.75%	16.64%	17.76%	17.94%	15.33%

图 3-2　使用在线教育产品的教师年龄结构

(三)学科分布

从图 3-3 来看,本次调研的初高中教师在所授学科的分布上,以数学最多,占比为 24.3%。另外,传统的理科科目(物理、化学和生物)教师占比为 27.29%;传统的文科科目(历史、政治和地理)教师占比为 20.75%。

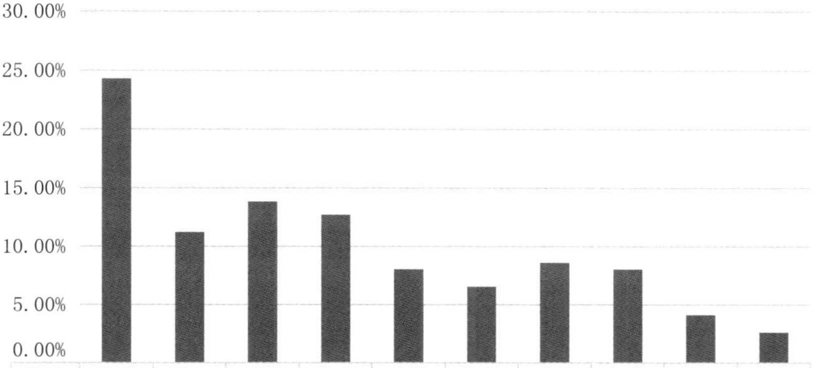

学科	数学	语文	英语	物理	化学	生物	政治	历史	地理	其他
■占比	24.30%	11.21%	13.83%	12.71%	8.04%	6.54%	8.60%	8.04%	4.11%	2.62%

图 3-3　使用在线教育产品的教师学科结构

与学生在补课时向外语和理科科目“一边倒”不同，文理科教师在使用在线教育产品方面的差距并没有那么大。理科科目由于更容易进行标准化衡量，且对于试题等资料的需求更旺盛，因此目前的在线教育产品不管是针对学生还是老师均以理科科目为主。但随着高考改革以及教师在教育技术方面的普及与提升，针对教师的在线教育产品在科目上还应更加平衡。

(四)工资水平

从图 3-4 来看，本次调研的初高中教师工资在 3 000—4 000 元的居多，占比为 35.89%，其次为 2 000—3 000 元。按照国家规定，中小学教职员实行以职务工资为主的结构工资制，结构工资由基础工资、职务工资、工龄津贴和奖励工资四个部分组成，教师同时发放教龄津贴。

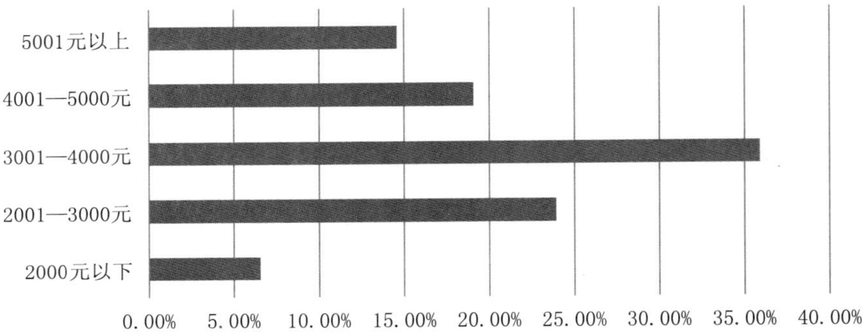

工资	2 000元以下	2 001—3 000元	3 001—4 000元	4 001—5 000元	5 001元以上
■占比	6.54%	23.93%	35.89%	19.07%	14.58%

图 3-4　使用在线教育产品的教师工资水平

2015 年中旬，国家统计局发布了 2014 年不同岗位平均工资水平数据，全部调查单位就业人员年平均工资为49 969元，折合每月平均工资约为4 164元。与这一数字相比，初高中教师的工资水平还有待提高。

(五)区域划分

从图 3-5 来看，本次调研的教师所在学校的区域划分以县一级为主，占比达到40%,其次为市和乡。

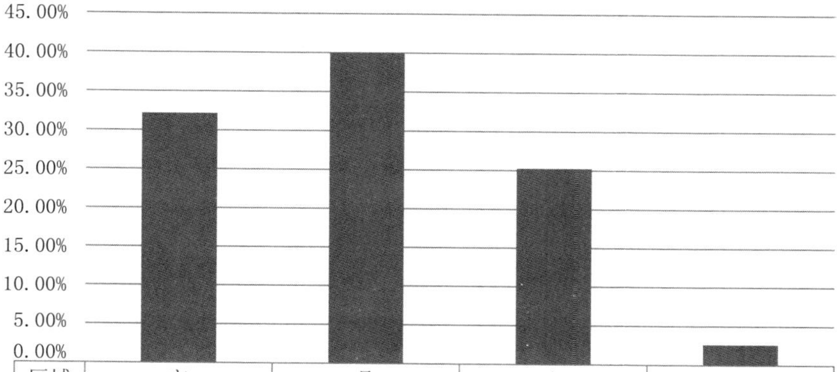

区域	市	县	乡	村
■占比	32.15%	40%	25.23%	2.62%

图 3-5　使用在线教育产品的教师所在学校的区域划分

乡镇和农村与另外两个区域划分相比,在各个方面都相对落后,且受到“撤点并校”的影响,一方面,学校的质量参差不齐;另一方面,优秀的生源和教师都在向高一级的区域转移。但从另一个角度看,初高中阶段的在线教育产品不仅仅开始向三、四线城市渗透,也在向县城和乡镇渗透。

二、初高中教师的在线教育产品使用行为分析

针对初高中教师群体的在线教育产品使用行为分析是本次调研的主要目的。为此,本次调研围绕选择喜好、使用习惯、信息渠道、产品评价和传播推广五个维度设置了11个问题。

(一)选择喜好

围绕选择喜好,本次调研从产品类型和使用阶段两个方面设置了问题。

从图3-6来看,超过七成的教师更青睐PPT课件类和在线试题类产品,其中,PPT课件最受初高中教师的欢迎。另外,超过王成的教师青睐在线组卷类和在线教案类产品。相比之下,教师对音视频资料类、在线作业类产品的青睐

度都没有达到半数以上，教务管理、家校沟通等产品更是受到冷落。

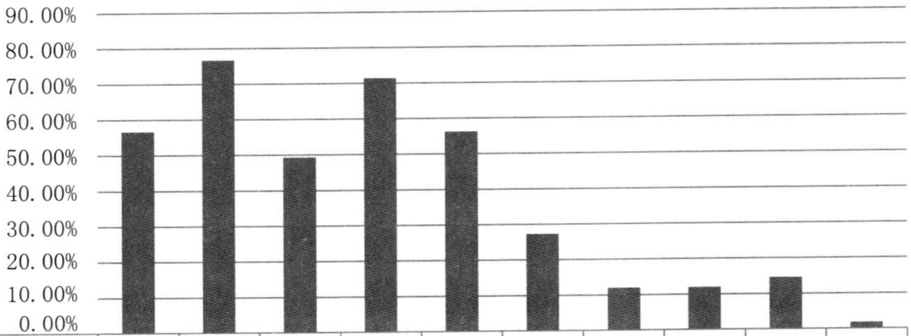

产品类型	在线教案	PPT课件	音视频资料	在线试题	在线组卷	在线作业	教务管理	家校沟通	家教授课	其他
■青睐度	56.64%	76.64%	49.35%	71.40%	56.26%	27.29%	11.96%	11.96%	14.58%	1.68%

图 3-6　初高中教师对不同在线教育产品类型的青睐度

从图 3-7 来看，初高中教师使用在线教育产品主要集中在备课和测验考试这两个阶段，这点与图 3-6 所传递出的信息相吻合：备课阶段的 PPT、教案以及测验考试阶段的试题、组卷工具是初高中教师最青睐的产品。值得一提的是，选择在课中使用在线教育产品的老师还不到两成。这说明在初高中阶段，课堂中教师的讲授仍占主要地位，而且相比于课前、课中和课后，备课和测验考试这两个阶段需要大量的前期准备工作，在线教育产品目前主要解决的也是这一问题。

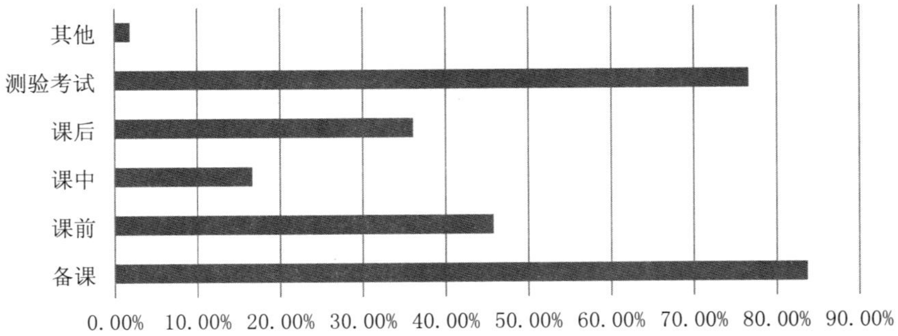

使用阶段	备课	课前	课中	课后	测验考试	其他
■占比	83.74%	45.79%	16.64%	36.07%	76.64%	1.87%

图 3-7　初高中教师对在线教育产品的使用阶段选择

(二)使用习惯

围绕使用习惯,本次调研从设备选择、使用频率和使用时长三个方面设置了问题。

从图3-8来看,在设备选择上,初高中教师具有高度的一致性。95%以上的初高中教师都会在电脑上使用在线教育产品,但随着移动互联网的发展,也有超过半数的初高中教师会通过移动端设备(手机、平板)来使用在线教育产品。因此,就现阶段而言,针对初高中教师群体的产品还应以电脑端为主,以移动端为辅。这点与针对学生群体的在线教育产品恰好相反。学生接触在线教育产品,尤其是初高中阶段的学生主要以移动端的手机为主,这可能也从一个侧面反映出这两个群体在使用在线教育产品时的不同场景:教师群体主要在上班时间使用,由于比较青睐的产品是备课阶段的PPT、教案以及测验考试阶段的试题、组卷,这四类产品相对而言在电脑端展示更为完整,浏览更为舒适;相反,学生使用在线教育产品主要是在课后的碎片化时间,且由于移动端设备更易获得、携带和联网,因此学生更多地通过手机来使用在线教育产品。

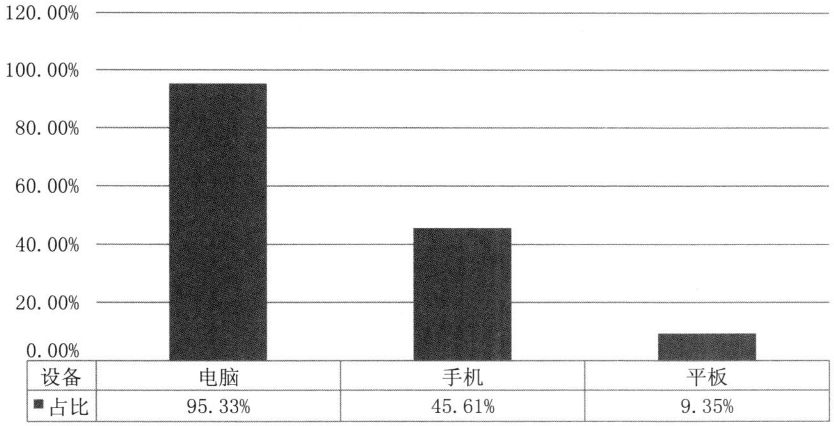

图3-8　初高中教师使用在线教育产品的设备选择

从图3-9来看，初高中教师使用在线教育产品的频率以“每天使用”和“每周使用”两类为主，二者占比共达87.66%。由此可见，初高中教师使用在线教育产品较为频繁。

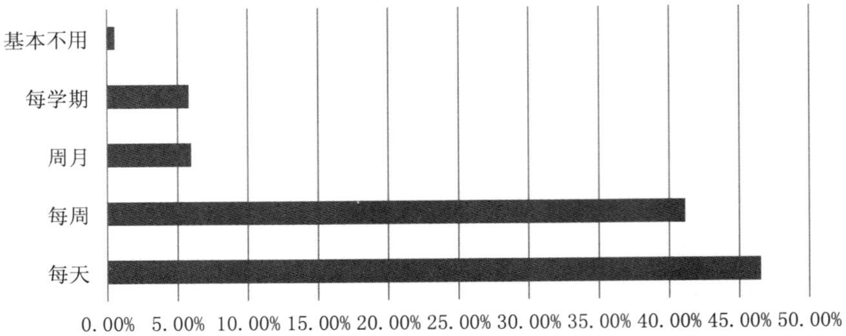

频率	每天	每周	周月	每学期	基本不用
■占比	46.54%	41.12%	5.98%	5.79%	0.56%

图3-9 初高中教师使用在线教育产品的频率

从图3-10来看，初高中教师使用在线教育产品的时长以30—60分钟为主，其次为60—90分钟。可以看出，针对初高中教师的在线教育产品黏性很强，结合图3-9的使用频率来看，初高中教师在使用在线教育产品时呈现出“高频率、高时长”的特点。

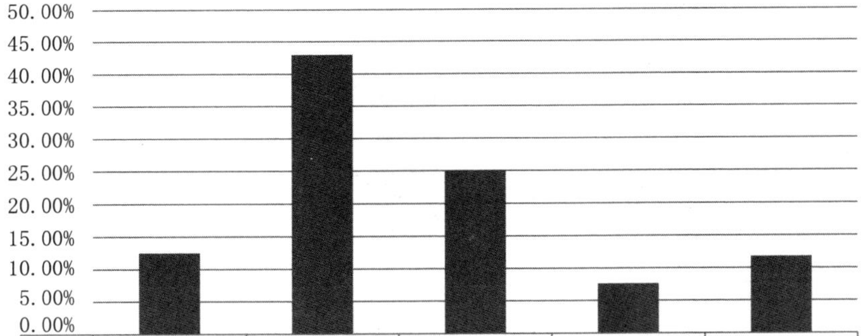

时长	30分钟以内	31—60分钟	61—90分钟	91—120分钟	121分钟以上
■占比	12.52%	42.99%	25.05%	7.66%	11.78%

图3-10 初高中教师使用在线教育产品的时长

（三）信息渠道

从图 3-11 来看，初高中教师获取在线教育产品的信息渠道主要是同事推荐和搜索引擎，由于初高中教师群体高度集中在体制内，群体的封闭性较强，因此基于同事之间的口碑传播最有穿透力。另外，与其他群体相比，体制内学校的封闭性使得垂直的推广渠道很难深入到教师群体中，因此培训会议、媒体广告、行政指派这类更具针对性的推广方式反而效果不佳。可见，发展初高中教师群体中的“意见领袖”将是触达这一群体的重要方式。

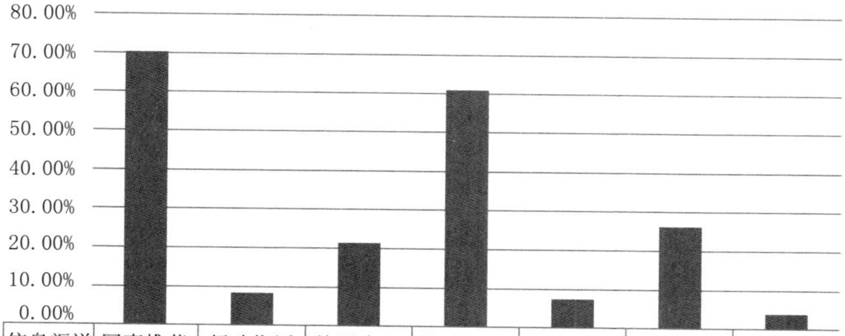

信息渠道	同事推荐	行政指派	培训会议	搜索引擎	学生推荐	媒体广告	其他
■占比	70.28%	8.41%	21.31%	60.93%	7.48%	26.17%	3.93%

图 3-11　初高中教师获取在线教育产品的信息渠道

（四）产品评价

围绕产品评价，本次调研从关注重点和帮助程度两个方面设置了问题。

从图 3-12 来看，初高中教师对于在线教育产品的关注重点集中在内容和利益两个方面。其中，“内容与教材教辅关联程度”是 80%以上初高中教师的关注重点，“内容更新速度”“内容与形式的丰富性”也受到 60%以上初高中教师的关注。另外，初高中教师也非常关注在线教育产品与自身的利益关系，这包括两个方面：第一是该产品是否可以免费使用，“免费”对于教师的吸引力非常大，半数以上的初高中教师会关注产品是否免费；第二是使用该产品是否会得到奖励。值得注意的是，初高中教师对于在线教育产品是否是“学校推荐和指派”不太关注。

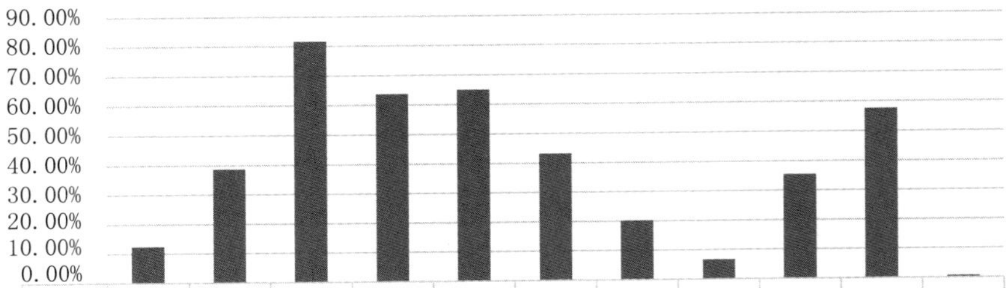

关注重点	学校推荐和指派	品牌影响力与知名度	内容与教材教辅关联度	内容更新速度	内容与形式的丰富性	操作简单	支持手机使用	有相关培训	提供给教师奖励	免费	其他
■占比	12.52%	38.69%	81.68%	63.74%	65.05%	43.18%	20.19%	6.73%	35.51%	57.57%	0.75%

图 3-12　初高中教师对在线教育产品的关注重点

从图 3-13 来看，51.59%的初高中教师认为目前的在线教育产品对自己非常有帮助，但也有 48.41%的初高中教师认为目前的在线教育产品对自己的帮助相对有限。由此可见，针对初高中教师的在线教育产品仍有很大的提升空间。

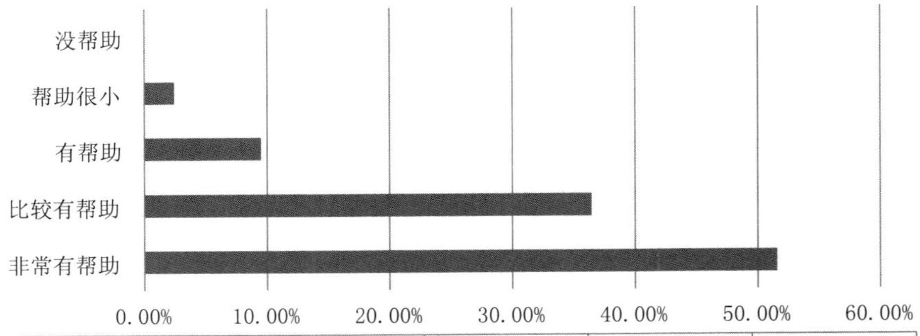

程度	非常有帮助	比较有帮助	有帮助	帮助很小	没帮助
■占比	51.59%	36.45%	9.53%	2.43%	0%

图 3-13　在线教育产品对初高中教师的帮助程度

（五）传播推广

围绕传播推广，本次调研从教师对学生和家长两个群体的态度设置了问题。

从图 3-14 来看，在初高中教师对学生使用在线教育产品的态度方面，有 51.4％的初高中教师持“支持”的态度，在这一点上，初高中教师的态度可能比我们想象得更为开放。另外，有 27.85％和 14.95％的初高中教师对学生使用在线教育产品持“基本支持”和“中立”的态度。未来，随着在线教育产品的发展和升级，这两部分教师将是拓展的重点。另外，考虑到口碑传播在教师群体中的绝对优势，挖掘“支持”态度中的“意见领袖”型教师进行人际传播也有助于教师态度的转变。

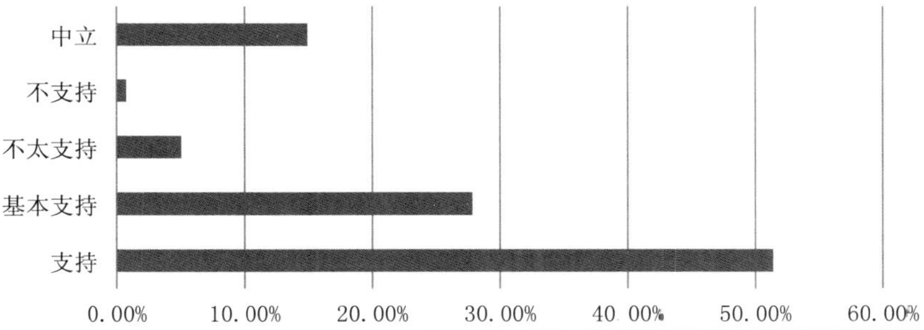

态度	支持	基本支持	不太支持	不支持	中立
■占比	51.40%	27.85%	5.05%	0.75%	14.95%

图 3-14　初高中教师对学生使用在线教育产品的态度

从图 3-15 来看，有 22.8％和 46.92％的初高中教师“经常会”或“有时会”向家长推荐在线教育产品，总的来说，会向家长推荐在线教育产品的初高中教师占比达到 69.72％，这一数字可能比我们想象得更为乐观。另外，还有 16.26％的初高中教师持“中立”的态度。对于学生来说，学校和家庭是其最主要的两大生活场景，学校中的教师与家庭中的家长是学生学习的监督者、教育者和参与者。教师的推荐对家长有很强的说服力，教师对家长的在线教育产品推荐也体现了家校共育的理念。

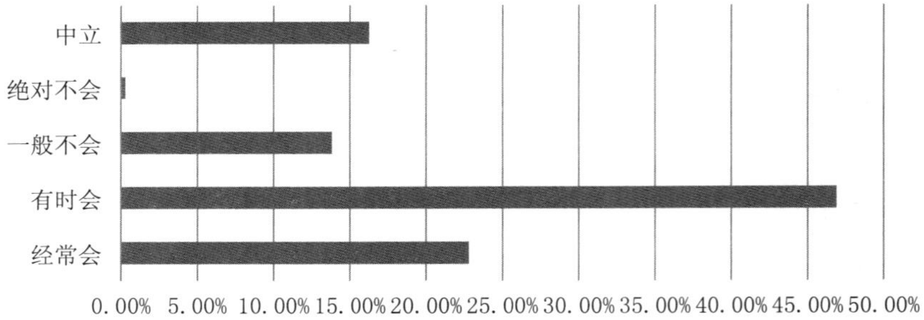

态度	经常会	有时会	一般不会	绝对不会	中立
■占比	22.80%	46.92%	13.83%	0.29%	16.26%

图 3-15　初高中教师对家长推荐在线教育产品的态度

除了以上选择喜好、使用习惯、信息渠道、产品评价和传播推广五个维度外，本次调研针对初高中教师的现阶段需求也设置了一个问题。从图 3-16 来看，“提高教学能力”和“提高收入待遇”是初高中教师群体的主要需求，其中，81.31%的初高中教师有“提高教学能力”的需求。在这一点上，针对初高中教师的在线教育产品要考虑对教师教学能力的实际帮助，而非通过互联网和相关技术来减少教师在课堂中的教学占比。另外，通过多渠道来增加初高中教师群体的收入也是在线教育可以考虑的发展方向，比如中央电化教育馆云平台中的“名师工作室”和“跨区域网络协作教研”等模式，通过互联网的运作，未来有可

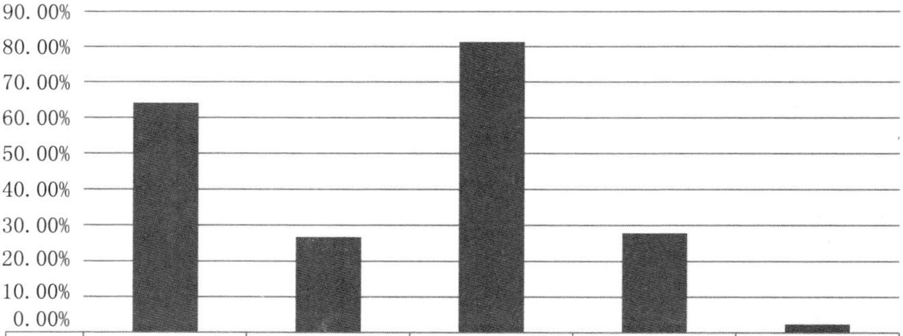

需要	提高收入待遇	发论文评职称	提高教学能力	增加业余时间	其他
■占比	64.11%	26.73%	81.31%	27.85%	2.43%

图 3-16　初高中教师现阶段的需求

能对教师群体产生实际的现金回报。

三、初高中教师的在线教育产品使用行为交叉分析

受到性别、年龄、教龄等影响，具有不同基本属性的初高中教师在在线教育产品的选择喜好、使用习惯、传播推广等方面有不同的表现。将这些初高中教师的基本属性与使用行为进行交叉对比，有助于我们对初高中教师的在线教育产品使用行为有更深的了解。

(一)性别与选择喜好

从图3-17来看，初高中男教师与女教师对产品类型的青睐度差异主要体现在“音视频资料类”“在线组卷类”“在线作业类”“教务管理类”这四个方面。

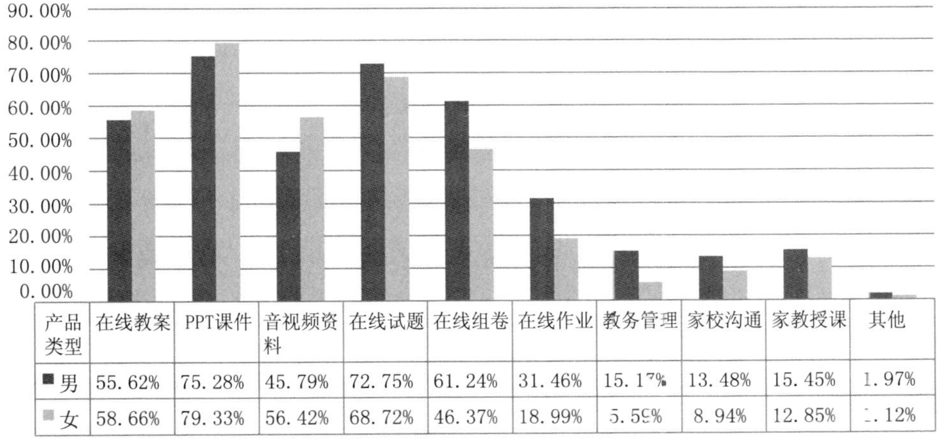

产品类型	在线教案	PPT课件	音视频资料	在线试题	在线组卷	在线作业	教务管理	家校沟通	家教授课	其他
■ 男	55.62%	75.28%	45.79%	72.75%	61.24%	31.46%	15.17%	13.48%	15.45%	1.97%
■ 女	58.66%	79.33%	56.42%	68.72%	46.37%	18.99%	5.59%	8.94%	12.85%	1.12%

图3-17　不同性别初高中教师对在线教育产品类型青睐度的交叉分析

与男教师相比，初高中女教师更青睐“音视频资料类”在线教育产品，这可能与女教师更多教授文科科目有关。

与女教师相比，初高中男教师对于“在线组卷类”和“在线作业类”产品更为青睐，且在这一点上，男女教师的差异相对比较大：在“在线组卷类”方面，男教师的青睐度为61.24%，女教师为46.37%；在“在线作业类”方面，男教师的青

睐度为 31.46%，女教师为 18.99%。

另外，与女教师相比，初高中男教师对于“教务管理类”产品更为青睐，这可能与男教师在学校中更多地担任行政管理岗有关。

(二)性别与使用习惯

本次调研中，初高中男女教师在使用习惯上的差异主要体现在“使用频率”这一项上，在“使用设备”和“使用时长”方面二者基本一致。从图 3-18 来看，初高中男教师使用在线教育产品的频率要明显高于女教师。

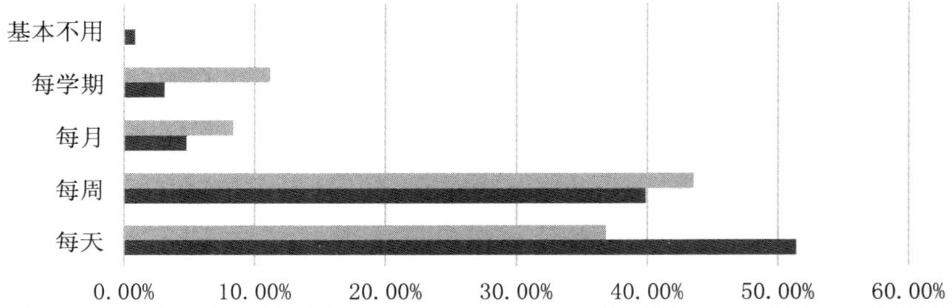

频率	每天	每周	每月	每学期	基本不用
女	36.87%	43.58%	8.38%	11.17%	0%
男	51.40%	39.89%	4.78%	3.09%	0.84%

图 3-18 不同性别初高中教师使用在线教育产品频率的交叉分析

(三)性别与传播推广

从图 3-19 和 3-20 可以看出，初高中男教师对于在线教育产品拥有更开放的心态，不仅在学生使用在线教育产品方面更多持“支持”态度，并且在向家长推荐相关产品时也更积极。相对而言，初高中女老师在这两方面整体都较为保守。

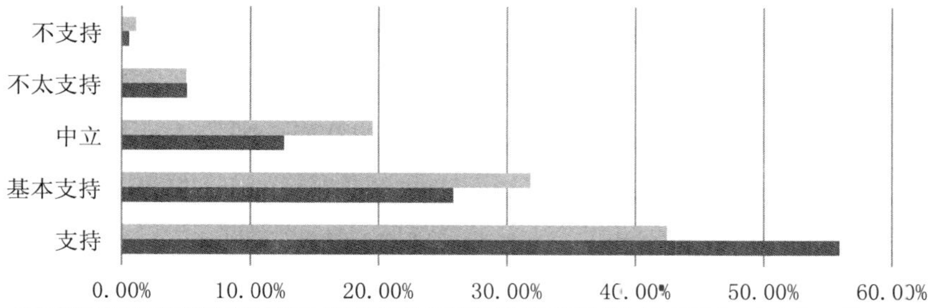

态度	支持	基本支持	中立	不太支持	不支持
女	42.46%	31.84%	19.55%	5.03%	1.12%
男	55.90%	25.84%	12.64%	5.06%	0.56%

图 3-19　不同性别初高中教师对学生使用在线教育产品态度的交叉分析

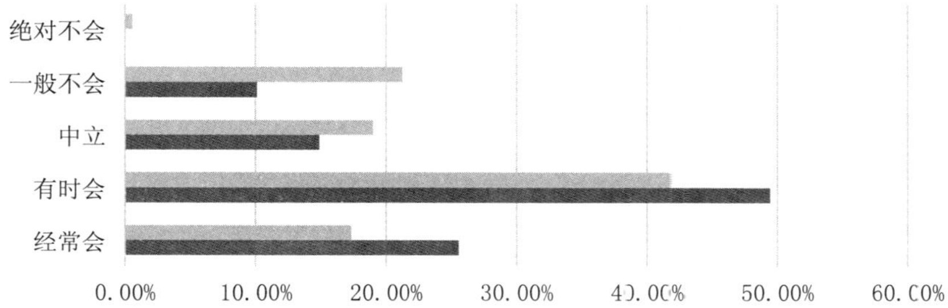

态度	经常会	有时会	中立	一般不会	绝对不会
女	17.32%	41.90%	18.99%	21.23%	0.56%
男	25.56%	49.44%	14.89%	10.11%	0%

图 3-20　不同性别初高中教师向家长推荐在线教育产品态度的交叉分析

(四)年龄与选择喜好

从图 3-21 来看,不同年龄段的初高中教师对在线教育产品的青睐度较为集中,比如:

25 岁以下的初高中教师最青睐“PPT 课件类”和“在线教案类”产品;

26—30 岁初高中教师最青睐“在线教案类”“PPT 课件类”“在线试题类”产品;

31—35 岁初高中教师最青睐“PPT 课件类”和“在线试题类”产品;

36—40 岁初高中教师最青睐"在线试题类"和"PPT 课件类"产品；

41—45 岁初高中教师最青睐"PPT 课件类"和"在线试题类"产品；

46 岁以上初高中教师最青睐"PPT 课件类"和"在线试题类"产品。

可见，"PPT 课件类"和"在线试题类"产品最受初高中教师的欢迎。

值得一提的是，"PPT 课件类""音视频资料类""在线试题类""在线组卷类"和"在线作业类"这五类产品的受青睐程度与初高中教师的年龄成正比，也就是说，年龄越大的教师对这五类产品的青睐程度越高。

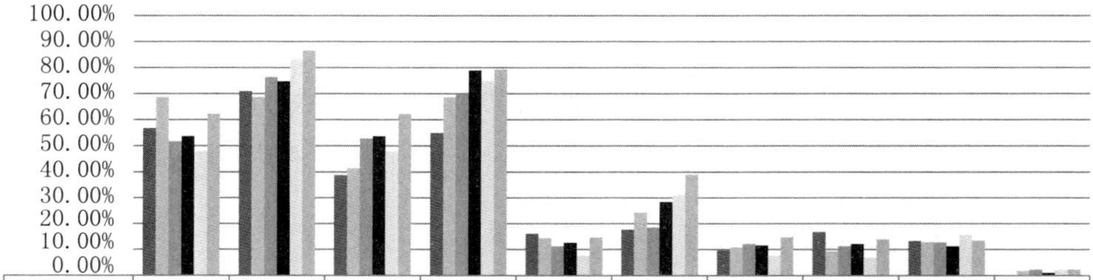

产品类型	在线教案	PPT课件	音视频资料	在线试题	在线组卷	在线作业	教务管理	家校沟通	家教授课	其他
25岁以下	56.65%	70.97%	38.71%	54.86%	16.13%	17.74%	9.68%	16.76%	13%	0%
26—30岁	68.67%	68.67%	41.44%	68.67%	14.41%	24.30%	10.81%	9.12%	12.80%	1.80%
31—35岁	51.68%	76.40%	52.81%	69.66%	11.24%	18.59%	12.25%	11.19%	12.70%	2.25%
36—40岁	53.68%	74.74%	53.68%	78.95%	12.63%	28.42%	11.58%	12.10%	11.20%	1.05%
41—45岁	47.92%	83.33%	47.92%	75%	7.68%	31.25%	7.68%	6.80%	15.60%	2.29%
46岁以上	62.20%	86.59%	62.20%	79.27%	14.63%	39.02%	14.63%	13.90%	13.40%	2.44%

图 3-21 不同年龄段初高中教师对在线教育产品类型青睐度的交叉分析

（五）年龄与信息渠道

从图 3-22 来看，不同年龄段的教师在在线教育产品的信息获取渠道上有着较为明显的时代特征。首先，"同事推荐"这一最为强大的信息渠道主要集中在 30 岁以上的教师群体中，因此，在选择教师群体中的"意见领袖"时，还要考虑其年龄因素：一方面，30 岁以下的青年教师虽然对互联网的拥抱程度更高，但并不一定是"意见领袖"的最佳人选；另一方面，30 岁以下的青年教师可以通过学生群体的反向推荐来获知产品信息，这点值得我们注意。

然后，传统的"搜索引擎"和"媒体广告"主要影响的是 40 岁以上的初高中

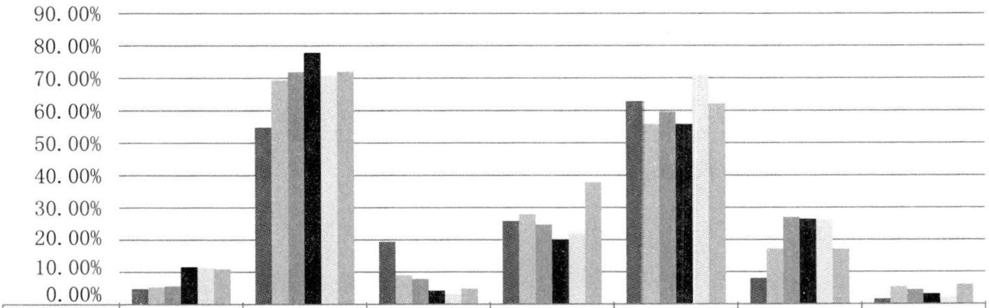

信息渠道	行政指派	同事推荐	学生推荐	媒体广告	搜索引擎	培训会议	其他
25岁以下	4.84%	54.84%	19.35%	25.80%	62.90%	8.06%	1.61%
26—30岁	5.41%	69.37%	9.01%	27.90%	55.86%	17.12%	5.41%
31—35岁	5.62%	71.91%	7.87%	24.72%	59.55%	26.97%	4.49%
36—40岁	11.58%	77.89%	4.21%	20%	55.79%	26.42%	3.16%
41—45岁	11.46%	70.83%	3.13%	21.88%	70.83%	26.13%	2.08%
46岁以上	10.98%	71.95%	4.88%	37.80%	62.20%	17.02%	6.10%

图 3-22　不同年龄段初高中教师获取在线教育产品信息渠道的交叉分析

教师，这点与这一年龄段人群既有的媒介接触习惯相关。“行政指派”和“培训会议”主要影响 36—40 岁的初高中教师，因为这一年龄段教师是学校行政管理工作的骨干力量。

（六）学科与选择喜好

教授不同学科的初高中教师对于在线教育产品的选择存在一定的差异。从图 3-23 来看，文科科目，包括英语学科的初高中教师更青睐“PPT 课件类”和“音视频资料类”产品；而理科科目的初高中教师除青睐“PPT 课件类”产品外，还比较青睐“在线组卷类”产品。

从图 3-24 来看，教授不同学科的初高中教师对在线教育产品的使用阶段也存在一定差异。相对来说，初高中教师使用在线教育产品主要集中在“备课”阶段和“测验考试”阶段，进入“课中”阶段的在线教育产品仍然较少。

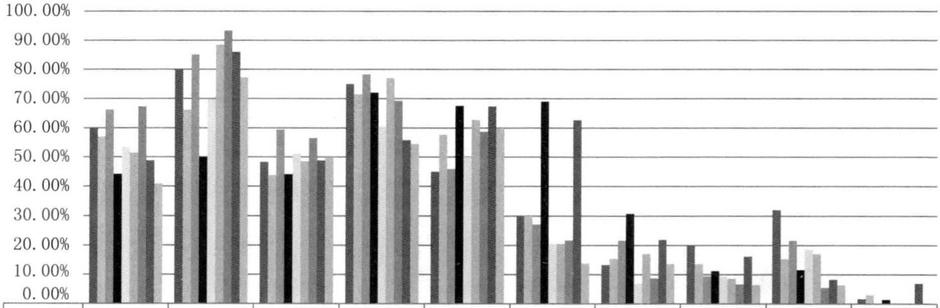

产品类型	在线教案	PPT课件	音视频资料	在线试题	在线组卷	在线作业	教务管理	家校沟通	家教授课	其他
■语文	60.00%	80.00%	48.33%	75.00%	45.00%	30.00%	13.35%	20.00%	32.00%	1.67%
■数学	56.90%	66.15%	43.85%	71.54%	57.69%	30.00%	15.38%	13.70%	15.38%	3.08%
■英语	66.20%	85.14%	59.40%	78.30%	45.90%	27.10%	21.60%	9.40%	21.62%	0.00%
■物理	44.15%	50.00%	44.12%	72.10%	67.60%	69.00%	30.80%	11.20%	11.60%	1.47%
■化学	53.40%	69.70%	51.10%	60.40%	50.00%	20.50%	6.98%	9.30%	18.60%	0.00%
■生物	51.40%	88.50%	48.50%	77.10%	62.80%	20.50%	17.10%	8.57%	17.10%	0.00%
■政治	67.30%	93.40%	56.50%	69.30%	58.70%	21.70%	8.70%	6.65%	5.50%	0.00%
■历史	48.80%	86.00%	48.80%	55.80%	67.40%	62.70%	21.90%	16.20%	8.30%	6.98%
■地理	40.90%	77.20%	49.90%	54.50%	59.90%	13.80%	13.70%	6.50%	6.40%	0.00%

图 3-23　不同学科初高中教师对在线教育产品类型青睐度的交叉分析

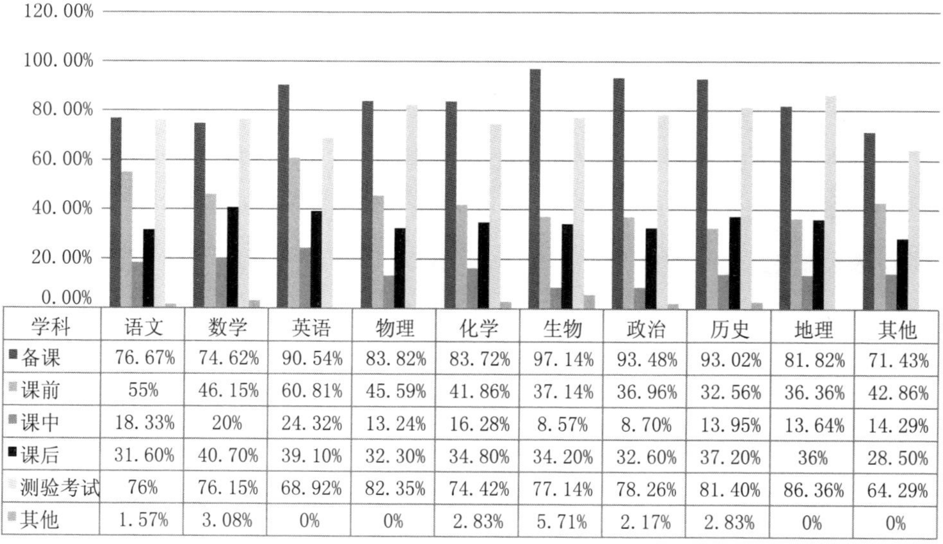

学科	语文	数学	英语	物理	化学	生物	政治	历史	地理	其他
■备课	76.67%	74.62%	90.54%	83.82%	83.72%	97.14%	93.48%	93.02%	81.82%	71.43%
■课前	55%	46.15%	60.81%	45.59%	41.86%	37.14%	36.96%	32.56%	36.36%	42.86%
■课中	18.33%	20%	24.32%	13.24%	16.28%	8.57%	8.70%	13.95%	13.64%	14.29%
■课后	31.60%	40.70%	39.10%	32.30%	34.80%	34.20%	32.60%	37.20%	36%	28.50%
■测验考试	76%	76.15%	68.92%	82.35%	74.42%	77.14%	78.26%	81.40%	86.36%	64.29%
■其他	1.57%	3.08%	0%	0%	2.83%	5.71%	2.17%	2.83%	0%	0%

图 3-24　不同学科初高中教师对在线教育产品使用阶段的交叉分析

（七）学科与传播推广

从图 3-25 来看，语文、化学和地理三科的初高中教师更支持学生使用在线教育产品，但相对来说，各科初高中教师在对学生使用在线教育产品的态度上差异不大。从图 3-26 来看，数学老师在“有时会”和“经常会”向家长推荐在线教

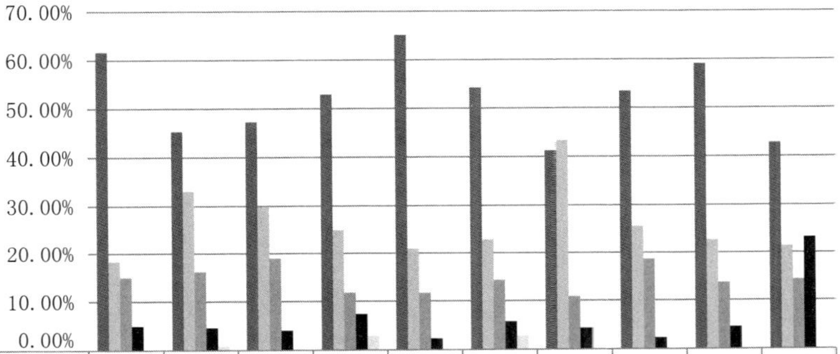

学科	语文	数学	英语	物理	化学	生物	政治	历史	地理	其他
支持	61. 67%	45. 38%	47. 30%	52. 94%	65. 12%	54. 29%	41. 30%	53. 49%	59. 09%	42. 86%
基本支持	18. 33%	33. 08%	29. 73%	25%	20. 93%	22. 86%	43. 38%	25. 58%	22. 73%	21. 42%
中立	15%	16. 15%	18. 92%	11. 76%	11. 63%	14. 29%	10. 87%	18. 60%	13. 64%	14. 29%
不太支持	5%	4. 62%	4. 05%	7. 35%	2. 33%	5. 71%	4. 35%	2. 33%	4. 55%	23. 32%
不支持	0%	0. 77%	0%	2. 94%	0%	2. 86%	0%	0%	0%	0%

图 3-25　不同学科初高中教师对学生使用在线教育产品态度的交叉分析

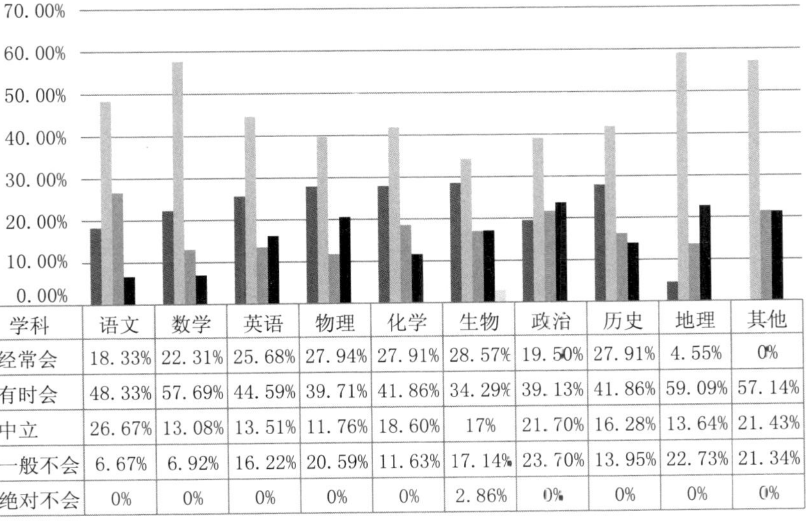

学科	语文	数学	英语	物理	化学	生物	政治	历史	地理	其他
经常会	18. 33%	22. 31%	25. 68%	27. 94%	27. 91%	28. 57%	19. 50%	27. 91%	4. 55%	0%
有时会	48. 33%	57. 69%	44. 59%	39. 71%	41. 86%	34. 29%	39. 13%	41. 86%	59. 09%	57. 14%
中立	26. 67%	13. 08%	13. 51%	11. 76%	18. 60%	17%	21. 70%	16. 28%	13. 64%	21. 43%
一般不会	6. 67%	6. 92%	16. 22%	20. 59%	11. 63%	17. 14%	23. 70%	13. 95%	22. 73%	21. 34%
绝对不会	0%	0%	0%	0%	0%	2. 86%	0%	0%	0%	0%

图 3-26　不同学科初高中教师向家长推荐在线教育产品的交叉分析

育产品这两项占比最大,表明数学老师更爱向家长推荐在线教育产品。

第二节 从翻转课堂看在线教育时代教师的角色与定位

互联网时代,课堂不再受到任课教师唯一权威的控制,课堂教学被切割成不同的环节,而这些环节可能需要课堂中的教师、在线的视频课程或学习小组来共同完成。未来教师将面临两类工作:一类是标准化的教学和辅导工作,另一类是围绕学生及其学习行为展开的非标准工作。因此,教师在长期与学生交流互动中积累的教育经验在互联网时代依然有巨大的价值,但这一价值得到更好发挥的前提是教师群体信息素养的提升和自我定位的转变。

翻转课堂(Flipped Classroom)一般是指学生在家通过自主观看教学视频,并在老师的课堂指导下通过多种方式的交流、反馈和互动来完成知识的学习。翻转课堂重新调整了课堂内外的时间,将学习的决定权从教师转移给学生。学生的自主学习将不再局限在课堂上,课堂主要用于师生、生生之间的互动交流。翻转课堂不仅改变了教师的职责和角色,同时也改变了学生在信息时代获取和习得知识的方式。翻转课堂在将更多自由交还给学生的同时也增加了学生对自身的责任感。

在进行翻转课堂教学时,教师需要注意以下问题。

第一,翻转识记和理解部分内容,将课堂留给更为深入的学习。

对于学生来说,在何时何地进行学习应该由自己做主,而不应再有固定的限制,这也要求老师在更早的时间段给予学生更丰富的翻转资料。另外,根据图3-27布卢姆教学目标分类法,在传统的课堂教学中,越向金字塔底端走,占用的学生时间越多。也就是说,学生大量的时间用在对新知识的记忆和理解中,而没有太多的时间进行更为深入的应用。基于此,翻转课堂可以通过事先准备好的音视频等资料来帮助学生完成金字塔底端的部分学习,然后将高一级别的教学活动应用于课堂内,帮助学生更加深入、扎实地掌握知识。在这一过程中,教师将从单一、重复的讲授工作中抽离出来,结合知识的实际应用带给学生更为开阔的视角和思路。①

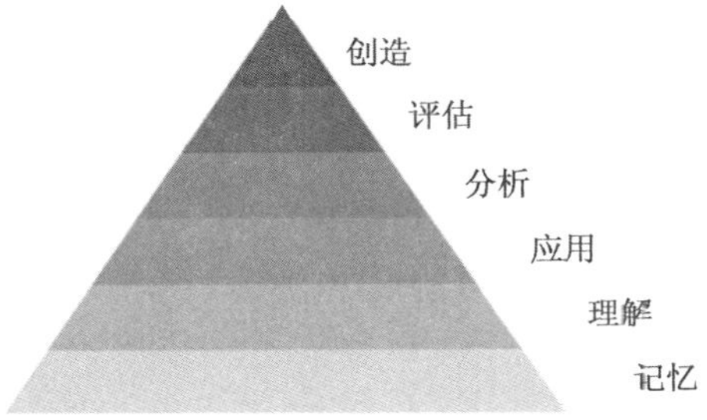

图 3-27　布卢姆教学目标分类法

第二，建立学生的好奇心，让学生在课堂上获得更全面、广泛的知识。

好奇心是学习最好的驱动力，这种驱动力需要教师在课堂设计时抛弃循规蹈矩的讲解方式，通过倒置布卢姆教学目标分类法来获得(如图 3-28 所示)。首先，教师让学生进行创造、评估和分析，然后让学生运用各种资料和手段，包括金字塔底部的记忆和理解知识，自主探索到问题的各个角落，最后通过统一的视频讲解或课堂辅导来帮助学生扫除思维障碍、纠正思维误区、加强学习效果。由好奇心驱动的学习对学生来说比生硬的内容驱动更有吸引力，也可以更快地实现知识的内化。值得一提的是，教师整理的笔记或课堂要点也有助于学生梳理思路，这要求教师在准备课案时充分地从学生角度出发，结合三维教学目标，整理出一份“干货”来辅助学生学习。②

第三，遵循学生知识建构的过程，选择适当的时机进行讲授。

根据现代学习观，学习就是人们用已知道和相信的知识去建构和理解新知识。新知识的建构和理解必须来源于已有的知识，因此教师需要关注学生在学习时产生的不完整理解、错误观念和对概念的天真解释。教师需要借助学生既有的知识来帮助其获得正确的、成熟的理解，因此，有时候教师单纯的课堂讲授并不起

① 伯格曼，萨姆斯. 翻转学习：如何更好地实践翻转课堂与慕课教学[M]. 王允丽，译. 北京：中国青年出版社，2015：84.

② 伯格曼，萨姆斯. 翻转学习：如何更好地实践翻转课堂与慕课教学[M]. 王允丽，译. 北京：中国青年出版社，2015：50.

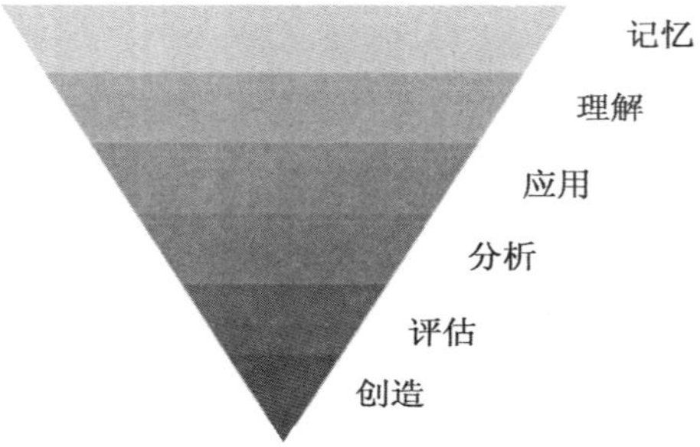

图 3-28　倒置布卢姆教学目标分类法

作用，或作用微弱，一部分原因是教师忽视了每个人既有的知识，学生根据自身的理解出现了移花接木、南辕北辙、瞎子摸象的错误。从更深层来说，学生如果只是为了考试而对知识进行记忆，那么这些知识将很难在其他情境中被唤起。教师不仅需要结合学生既有的知识进行教学，还需要帮助学生进行深度的理解。①

值得一提的是，在以学生为中心的教学方式上，并不局限于某一种形式，而需要具体问题具体分析，翻转课堂亦是如此。很多时候，我们拘泥于选择某些视频让学生观看学习，却忽视了有些内容我们可以根据情境来让学生进行实践，或者通过做项目让学生加深理解。因为学生很难在一开始就进入理解性学习，在此之前，他们需要时间去探究基本概念，生成与其他已有信息的联系，这个过程可以发生在课堂之外，也可以在课堂讨论中不断进行补充。教师在课堂中需要选择一个合适的讲授时机，这样讲授将会起到有效的点拨作用。

第四，在课堂中建立学习共同体。

在课堂中建立的规范对学生的成绩有巨大的影响。如果一个课堂环境拒绝学生展示出他们的疑问以及他们思维走向的全部过程，那么教师和学生都将错失反馈和更正的机会。课堂的一大任务是通过师生、生生之间的共同学习来解决思维中的问题，通过各自提出的问题推动集体向学习目标不断前进。这样的学习共同体有助于增加学生的交流机会，在交流中产生的分享、互动会激励

① 布兰思福特. 人是如何学习的——大脑、心理、经验及学校(扩展版)[M]. 程可拉，等译. 上海：华东师范大学出版社，2013：16.

学生投入更多的时间来学习,促使学生进行元认知活动。

第五,不断反思与更新自己的翻转课堂教学实践。

效果反思与策略调整是翻转课堂得以持续进行的基本保障。与传统低频次的公开课、评优课不同的是,翻转课堂追求的不是教学方式上的浅层次革新,而是一种探索式教学。就像产品运营需要不断通过用户的反馈来调整和优化产品功能一样,教师在翻转课堂中也可以通过学生的态度、作业、测验、实践活动等来观察和调整自己的教学实践,不断与学生进行互动和反馈。

在《可见的学习》这本书中,作者列举了学生成绩影响因素的来源及影响力大小排序。如表 3-1 所示,学生成绩影响因素包括六大方面,其中学生自己是影响成绩的最大因素,其次为教师,两者加起来可达到 80%。①

表 3-1　学生成绩影响因素

因素来源	影响程度
学生	50%
教师	30%
家庭	5%—10%
学校	5%—10%
同学	5%—10%
校长	包含在学校中,可忽略

作者进一步将影响学生成绩的几个因素分开,并将其与来源联系起来。通过表 3-2 我们可以看出,在这 20 个因素中,有 16 个因素来源于教师,其中最大的影响因素是反馈。

表 3-2　学生成绩影响因素、影响程度与因素来源

影响因素	影响程度	因素来源
反馈	1.13	教师
学生之前的认知能力	1.04	学生

① 伯格曼,萨姆斯. 翻转学习:如何更好地实践翻转课堂与慕课教学[M]. 王允丽,译. 北京:中国青年出版社,2015:134.

续表

影响因素	影响程度	因素来源
教学质量	1.00	教师
直接授课	0.82	教师
补习	0.65	教师
学生的学习态度	0.61	学生
课堂环境	0.56	教师
目标的挑战性	0.52	教师
同学辅导	0.50	教师
通达学习	0.50	教师
父母参与	0.46	家庭
家庭作业	0.43	教师
教师风格	0.42	教师
提问	0.41	教师
同学影响	0.38	同学
前期组织	0.37	教师
模拟和游戏	0.34	教师
计算机辅助教学	0.31	教师
测试	0.30	教师
教学媒体	0.30	教师

第六，注重学习迁移和形成性评价。

学校教育的一个主要目标是使学生能够灵活地解决新问题以及为新情境做准备。学生的迁移能力是学习的一个重要标志，它能够帮助教师评估和改进教学内容。从学习迁移的角度出发，拓宽人的教育面比简单训练他们完成特定任务要好得多。基础教育阶段，不论是中国还是美国，多学科并行的设计都是旨在拓宽学生的知识面，让学生在不同情境的迁移中提升能力。如果测量学习效果的唯一方法是通过记忆呈现具体的信息，那么许多教学方法看上去没有什么差别。比如单纯使用考试成绩来衡量教学效果，那些填鸭式、机械式的讲述可能效果更好，但从学生学习向新问题和新情境迁移的程度来评估，教学的差异就比较明显了。

形成性评价是将学生的思维呈现给教师和学生的持续性评价。要想深入到每个学生的世界中去，教师需要通过把握学生的旧知识、理解学生在从非正式到正式思维的发展性通道中所处的位置来设计相应的教学。形成性评价对于学习迁移至少有两点帮助：一是可以提供经常性的反馈，不仅教师需要监控学生的学习，学生也需要对自我有所把握，主动评价和监控目前的学习状态和理解水平；二是学生在学习迁移的过程中难免出现思维的错误，形成性评价有助于及时纠正这些错误，剔除那些妨碍新迁移发生的旧知识。[①]

在线教育的发展给学校和教师带来了新的机遇和挑战，但任何一种变革都不是一蹴而就的。在其缓慢的发展过程中，总有一小批创新者率先打开局面，并将概念传播到“受人尊敬的”早期采纳者那里，这些人具备快速传递信息的网络，在那里，在线教育会有第一波的指数增长。

结合“初高中教师的在线教育产品使用行为调研”可以得知，目前，具备创新力的一小批教师群体率先开始接触并使用在线教育产品，这些产品主要是PPT课件、在线试题、在线组卷等，并主要在备课和测验考试两个环节中使用。但是，在线教育在教师群体中仍未被大多数人所采纳。在这一点上，可能还需要恰当的契机去推动，比如举办“一师一优课，一课一名师”这样的大型活动以及鼓励更多的创新者加入进来。不得不承认，在线教育对于教师群体的关注仍然不够，谁能成为创新者、创新者与教师的关系究竟如何等问题仍待解决。

---

① 布兰思福特. 人是如何学习的——大脑、心理、经验及学校(扩展版)[M]. 程可拉，等译. 上海：华东师范大学出版社，2013：49.

第四章　学前在线教育热点分析

根据第一章中对K12学制和年龄的划分，学前教育的对象主要是0—6岁的儿童。针对这一群体，学前教育的发展热点并不仅仅围绕着“教育”二字，由于在这一阶段，家长尤其是妈妈与儿童生活的各个方面联系紧密，且儿童不具备或具备较弱的选择权和决定权，因此这一阶段的互联网产品更注重家长群体。这种注重体现在三个方面：一是围绕家长群体直接挖掘卖点，比如母婴电商、上门早教、亲子游类产品；二是对家长群体进行教育与营销的结合，比如母婴社区类产品；三是在对儿童的教育与保护环节中加入家长角色，比如在线早教类、智能硬件类产品。

学前教育的特殊性使得其触角能够轻松有力地深入到在线旅游、电商、医疗、智能硬件、O2O服务等领域。在产业链关系上，学前教育阶段已经与上游的女性备孕和下游的中小学教育进行了对接。与中小学阶段相比，学前教育与互联网的结合更为多元化。

第一节　在线早教类

一、市场概况

在线早教类项目主要是指学前教育领域中与在线教育行为直接相关的项目。根据图4-1的统计，2012—2017年6月，在线早教类项目融资总量为128起。其中，2012年和2013年的融资量相对较少，2015年的融资量有了比较明显的提高。从大环境来看，2013 年移动设备的崛起为在线早教类项目带来了新的希望，智能手机、平板电脑等新载体为在线早教项目铺设了连接用户的全新通道。随着互联网与教育结合的不断深入，在线早教类项目也从数字化阅读、内容聚合向素质教育、认知教育等方向发展。同时，相关的母婴电商、智能硬件、亲子游等领域项目也从 2014 年开始迅猛发展起来。但总的来说，在线早教类项目融资数量仍然较少。

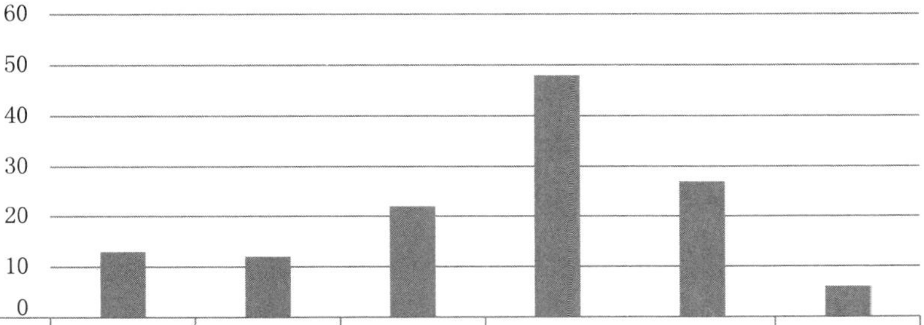

时间	2012年	2013年	2014年	2015年	2016年	2017年6月
■数量（个）	13	12	22	48	27	6

图 4-1　2012—2017 年 6 月在线早教类项目融资量

另外，在 2012 年以前拿到天使轮融资的在线早教类项目中，目前至少有 7 个已关闭或停止运营，这些项目主要是对儿童教育内容的研发制作（如表 4-1 所示）。这是因为：一方面，在线早教类项目内容的同质化程度和制作成本均较高，这对创业公司的制作实力和资金支持都提出了较高要求；另一方面，整个儿童市场都缺乏强势渠道，在线早教类项目更是如此，内容的变现不仅周期长，且强烈依赖单一 IP，难以实现行业中的价值流通。

表 4-1　已关闭或停止运营的在线早教类项目

时间	名称	项目内容	金额	轮次	投资机构	地点
2011.1	黑麦工作室	儿童教育、游戏研发	数百万美元	A 轮	君联资本	北京
2011.3	乐豚	早教互动数字读物研发	数百万人民币	天使轮	创新工场	北京

续表

2012.3	微宝贝	母婴社区、App	数百万人民币	天使轮	奇虎360	北京
2012.4	信恩科技	儿童移动端教育产品设计与研发	数十万人民币	天使轮	K2基金	北京
2012.11	袋鼠妈妈	早教娱乐内容、App	数百万人民币	天使轮	国富源投资	广州
2012.12	双肩背	早教应用商店	——	天使轮	K2基金	北京
2013.1	童乐汇	数字化儿童读物制作工具及运营平台	数百万人民币	天使轮	戈壁投资	北京

从图4-2来看，在线早教类项目定位以内容和平台为主。其中，内容主要有聚合类App、数字阅读和有声内容三大类，这三者在内容侧重方面各有不同，但在展现形式上存在交叉。

- 聚合类App以认知、启蒙类内容为主，围绕儿童的生活场景，以一个App中的多个单元或一系列App形成知识矩阵，每个单元或App相对独立，由统一的IP串联成整体，如宝宝巴士、小伴龙和babycan等。
- 数字阅读以在线图书或绘本为基础，加入音频、视频等丰富的媒体形式，结合故事内容与儿童看、听、说等行为来实现教育目的，如星宝乐园、铁皮人科技、乐看儿童书等。
- 有声内容强调声音媒介在内容传播中的绝对地位。声音媒介具有易接受和伴随性特征，儿童不需要具有识字能力也可以听，且这一行为可以很好地伴随其他行为发生。因此，垂直于声音内容的产品对于成人和儿童来说都很有价值。针对儿童的有声内容以故事为主，如绘听、宝贝听听等。另外，一些自媒体声音类产品也获得了不错的发展，如凯叔讲故事、童书妈妈等。

早教平台类项目以2013年以前拿到融资的资源平台为主，如贝瓦网、六一宝宝网、亲宝网等。随着内容的不断更新升级，这类平台在丰富的资源积累上开始有针对性地进行内容整合和业务线拓展。另外，随着基础教育领域信息化的不断发展，针对幼儿园的教育云平台建设也开始受到重视。

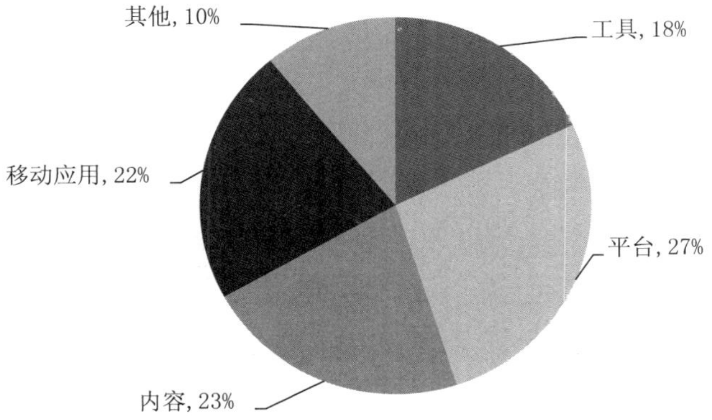

图 4-2　在线早教类项目定位统计

从图 4-3 来看，在线早教类项目融资轮次仍以天使轮和 A 轮为主，两者占比共达到 82%，进入到 B 轮和 C 轮的在线早教类项目较少。虽然这两年受到政策影响，早教领域再次被热炒，但相比衣食住行等刚需领域，政策红利对教育，尤其是在线教育的影响远不及其他行业大。

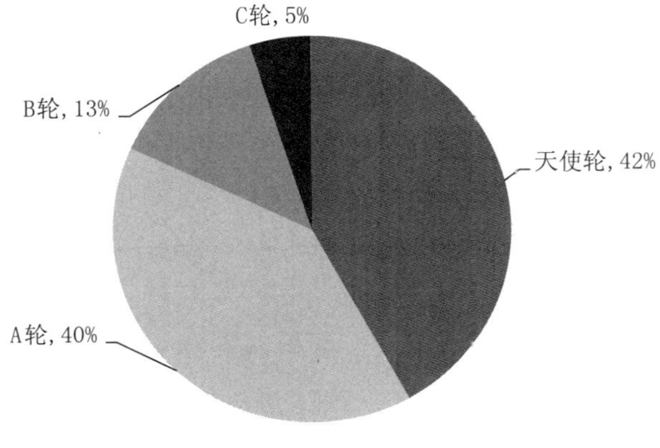

图 4-3　在线早教类项目融资轮次统计

从图 4-4 来看，在线早教类项目的所在地以北京和上海为主，并且两者的占比相近，这一点与中小学领域不同。中小学领域的融资项目虽以北上广为主，但北京占据绝对优势，这一点与中小学领域教育资源的高度集中有关系。相比而言，在线早教类项目的内容不具备中小学的集中度，同时，城市文化氛围、家长受教育程度、家庭经济情况等对于家长选择在线早教类产品有着重要影响。另外，像成都、杭州、福建等二线城市也值得我们关注。

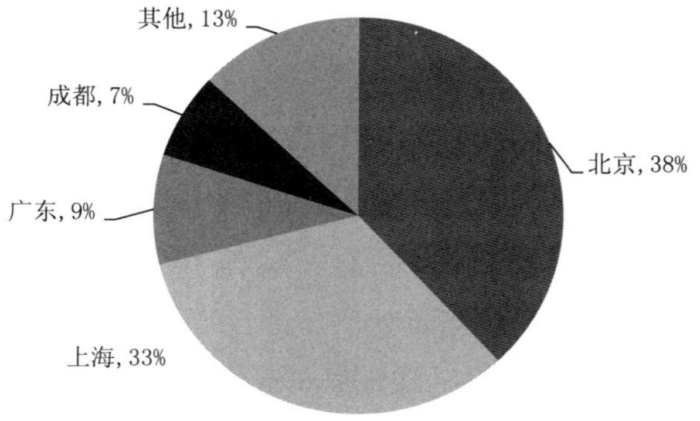

图 4-4　在线早教类项目成立地点统计

二、典型案例

(一)宝宝巴士

宝宝巴士是福州永智科技有限公司针对学龄前儿童研发的一系列教育 App。

2015 年 3 月，一款整合型的宝宝巴士 App 上线，根据公开信息，宝宝巴士系列 App 在全球已有上亿次的下载量。

宝宝巴士的收入来源包括下载、预装和广告三种。其中，下载和预装都分免费和付费两种，免费版本一般都有广告植入。另外，宝宝巴士的用户有 30% 来自海外市场，这部分用户是付费下载主力。宝宝巴士的融资情况如表 4-2 所示。

表 4-2　宝宝巴士融资表

时间	金额	轮次	投资机构
2013.1	数百万美元	A 轮	顺为基金
2015.11	4 000 万人民币	B 轮	好未来、基因资本

宝宝巴士系列 App 共分为六类，其中认知篇、益智篇和儿歌篇针对 1—3 岁儿童的启蒙教育，百科馆、智力园和艺术馆针对 3—6 岁儿童的探索教育。这些 App 支持安卓、iPhone 和 iPad 下载。

整合型的宝宝巴士 App 针对儿童和家长做了如图 4-5 的功能设置。儿童在一个伙伴式的学习空间中可以进行儿歌、唐诗等内容的学习。目前，认知类小游戏仍需下载独立的 App。

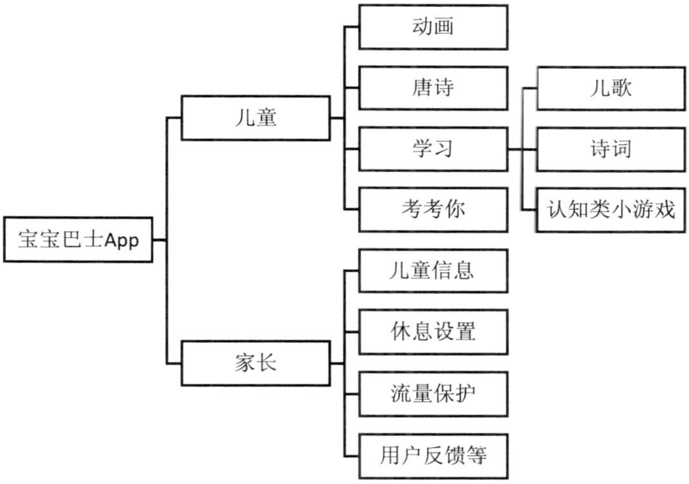

图 4-5　整合型宝宝巴士 App 功能

在线早教类 App 的发展模式大致可以分为两种：一种是在一款 App 中设置一系列的单元(关卡)，通过解锁来吸引用户不断使用，比如小伴龙；另一种是通过不断上线的新款 App 形成产品矩阵，通过持续的 App 推广来吸引用户下载和使用，比如宝宝巴士。与宝宝巴士发展模式类似的在线早教类产品还有熊猫博士、网趣宝贝、多纳等(如表 4-3 所示)。

表 4-3　在线早教类 App 发展模式

	宝宝巴士	熊猫博士	网趣宝贝	多纳

成立时间	2010 年	2012 年	2010 年	2012 年
地点	福州	成都	上海	北京
融资情况	2013 年 1 月获得顺为基金数百万美元 A 轮投资;2015 年 11 月获得好未来和基因资本 4 000 万人民币 B 轮投资	2012 年获得 75 万美元天使投资	2012 年 7 月获得雷利资本和上海融翼资本天使轮投资;2013 年 5 月获得雷利资本、上海融翼资本和和君资本 1 000 万人民币 A 轮投资	新东方在线投资
产品情况	针对 0—6 岁儿童的启蒙教育,共有几十款 App,每个产品对应一个单独的教育知识点。2015 年推出了整合型 App 宝宝巴士	针对 0—8 岁儿童,已推出 23 款 App,基本每年会有 6—7 个 App 上线。与其他产品相比,内容更偏向游戏,教育元素相对较少	针对 0—6 岁儿童推出 18 款 App,包括认知、诗歌、数学、识字等内容,并有一款整合型 App 爱宝贝,除了整合其他 App 早教内容外,还有针对家长和亲子互动的课程和资讯	针对 3—8 岁儿童,安卓有 42 款 App,IOS 有 22 款 App,内容以英语和认知类为主,包括安全、故事、颜色、节日等
盈利模式	安卓端收广告费,IOS 端及海外下载收费,硬件预装收费	安卓端收广告费,IOS 端及海外下载收费	VIP 付费,周边产品销售向线下早教导流	实体教材授权,包括配套资料和电子资源等,分幼儿和教师包销售;数字图书馆项目;与喜马拉雅合作推出故事音频;与爱奇艺合作推出数学、安全方面的视频

对于在线早教类 App 来说，IP 形象巩固不仅靠外在大流量，也靠内在形式整合，依靠 IP 形象做衍生品盈利已经是家喻户晓的方式。目前，幼儿教育类的 IP 形象已经抢占了动画片、音频、绘本、电视盒子、周边玩具等高地，但仍面临两方面问题：一是儿童市场缺乏强势渠道，由于内容制作的成本高且变现周期长，直接影响到内容的创新和发展；二是在 IP 开掘方式上可能还较为机械。对于一款在线早教类 App 来说，可以通过将内容版权细分的方式来实现组合打法：动画片除了走电视渠道外，还可以在视频网站做分发，或以适量的碎片化形式嵌入到 App 中作为多媒体内容，同时，线上及线下可以推出与动画片相关的英文版或拼音版绘本；App 及音频平台类产品可发布动画片音频故事或音乐原声；App 支持将用户形象加入到故事发展中实现交互功能。如此，不同的媒介之间可以形成推荐和关联，同一版本的内容可借由不同媒介的属性进行多次加工和增值。

虽然游戏是幼儿全面发展教育的重要形式之一，但对于中国家长来说，具有知识教育元素的游戏更容易被接受，这一点与国外的教育思路有区别。这就要求早教产品不仅要根据幼儿认知特征来设计产品，还要结合幼儿发展关键期来设计具有针对性的知识教育内容，比如针对 2—3 岁幼儿的产品可突出口语训练，针对 5—6 岁幼儿的产品可突出书面语和简单的数学概念训练等。多数家长并不能准确把握孩子在每个阶段的训练重点，在线早教类产品可以强化这方面的功能。

另外，在线早教类产品可以考虑增强家长角色功能，让家长能够参与其中。幼儿教育阶段，家长的辅助不可或缺，因为幼儿并不能独立完成 App 的使用，这点与中小学阶段完全不同。加之幼儿教育阶段家庭教育相当重要，家长在这个过程中其实不仅是付费者，同时也是产品的把关人和使用者，但目前此类产品的家长功能仅仅是管理者的角色，很少有实际作用，这里其实可以做一个尝试：在整个 App 中适量增加家长角色，尝试让家长角色与幼儿角色进行在线互动，这种互动不是单纯的远程遥控、远程视频、语音通话，而是增加一个母亲或父亲的 IP 形象，每天有一个环节需要亲子一起完成。想让家长付费，也许没有什么比让家长成为使用者更为直接的方式了。

(二)芝兰玉树(北京)科技股份有限公司

芝兰玉树(北京)科技股份有限公司成立于 2010 年,2016 年 2 月 3 日成功在新三板上市。公司主营业务是基于互联网提供儿童教育娱乐及亲子生活服务,目前产品包括全媒体平台“贝瓦”系列、围绕河狸和美妈 IP 的一系列内容产品,涵盖 PC 端和移动端。

根据公开转让说明书,截至 2015 年 8 月底,贝瓦自有平台年度用户量为 1.5 亿,注册用户超1 000万,月度活跃用户超2 000万。其中,移动端(含 OTT① 服务)月活跃用户已超过 PC 端用户,占 55%以上。贝瓦服务的儿童用户年龄以0—7岁为主,其中,2—4 岁用户占比达到 50%以上。

公司的产品服务主要包括内容版权、网络广告与内容营销、授权与衍生品三大类(如图 4-6 所示)。

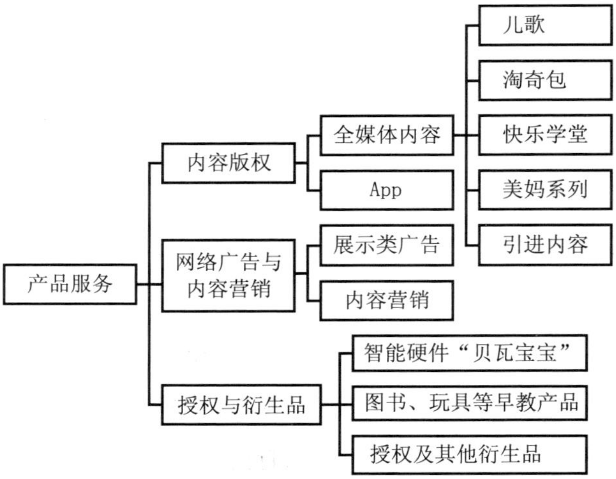

图 4-6 芝兰玉树(北京)科技股份有限公司产品服务

① OTT 是“Over The Top”的缩写,指通过互联网向用户提供各种应用服务。这种服务和目前运营商提供的通信业务不同,它仅利用运营商的网络,而服务由运营商之外的第三方提供。

1. 内容版权

内容版权包括全媒体内容和 App 两大类，其中，儿歌是公司的核心产品。儿歌内容的来源有团队原创、音乐人合作、版权机构签约等，目前已拥有音乐版权超过1 100首。公司成立了儿童音乐公司，瞄准“儿童音乐制作＋数字版权＋发行＋代理＋演出＋培训”市场。

淘奇包是面向 0—6 岁儿童的分龄早教内容及早教衍生品的总称，包括互动画报、绘本、游戏书、亲子材料、互动玩具、光盘等多种产品形态，与市面上的巧虎、洪恩龙宝等产品类似。

快乐学堂包括国内外经典故事、国学、英文系列教育内容，有贝瓦国学、英语启蒙、拼音汉字和童话寓言等不同分类。

美妈系列是针对准妈妈和妈妈的信息服务平台，包括专家访谈、纪录片、动画片、图书等内容，目前已经推出《美妈问问团》系列节目和《幸孕美妈》大型孕产真人秀节目。

2. 网络广告与内容营销

展示类广告主要利用贝瓦网、App 的自有平台精准及覆盖面广的展示量，为广告主提供广告服务。展示类广告分为动画内容贴片、文字链、角标等形式。内容营销是指在贝瓦动画中，软植入广告主品牌信息，并在自有及第三方渠道进行传播。

围绕产品服务，公司在商业模式上基于自有 IP 和平台，延伸出内容与数字课程、网络广告与内容、授权与衍生品三种模式（如图 4-7 所示）。

2013 年到 2015 年 6 月，公司主营业务收入中，授权与衍生品收入占比明显下降，另两项收入占比明显上升（如表 4-4 所示）。2015 年之前，公司的衍生品主要是图书和玩具：出版图书 241 本，码洋近2 000万元，玩具等早教产品超过 70 款。2015 年之后，公司对这项业务进行了转型和调整。

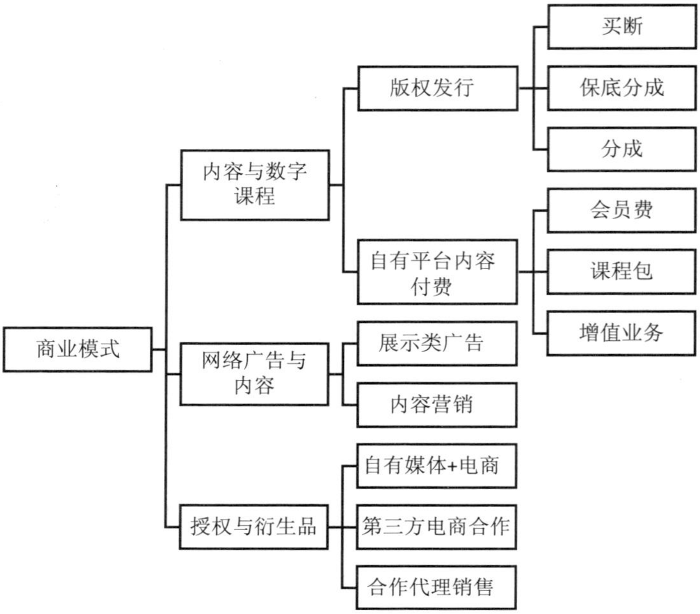

图 4-7 芝兰玉树(北京)科技股份有限公司商业模式

表 4-4 芝兰玉树(北京)科技股份有限公司 2013 年到 2015 年 6 月主营业务收入

项目	2015 年 1 月—6 月		2014 年		2013 年	
	金额	占比(%)	金额	占比(%)	金额	占比(%)
一、主营业务收入	5 992 586.58	99.85	9 094 582.58	100.00	6 070 503.36	100.00
内容与数字课程	3 527 439	58.78	4 382 009.73	48.18	2 279 757.37	37.55
网络广告与内容	2 193 869	36.56	3 332 957.37	36.54	636 230.02	10.48
授权与衍生品	271 227.58	4.51	1 389 615.48	15.28	3 154 515.97	51.96
二、其他业务收入	8 717.87	0.15	——	——	——	——
合计	6 001 304.45	100.00	9 094 582.58	100.00	6 070 503.36	100.00

2013 年到 2015 年 6 月，公司主要销售客户包括百度在线网络技术(北京)有限公司、北京爱奇艺科技有限公司、合一信息技术(北京)有限公司、未来电视有限公司等。

未来，公司的发展将强化内容和 IP 的长期布局，通过投资、收购进行整合，推动 IP 的商业化及线下转化，并往更高的年龄段或学科领域去做新的 IP。

3. 授权与衍生品

2015年6月上线的智能硬件“贝瓦宝宝”是公司衍生品的核心。贝瓦宝宝是一款蓝牙故事机，通过与贝瓦的内容版权相结合，实现“软件＋硬件”的平台化布局，未来会向智能亲子陪伴机器人方向发展。

图4-8　贝瓦宝宝

公司发展前五年（2010—2014年）的衍生品主要是图书、玩具以及淘奇包等组合型早教产品，未来将重点拓展品牌授权、母婴用品和线下儿童服务等。销售方式包括自有电商销售、与第三方电商合作以及与母婴连锁店、玩具批发零售商及其他代理商开展代理销售合作。

三、小结

学前教育阶段的在线早教与中小学阶段的在线教育最大的不同在于，前者的教育“泛娱乐”特征明显，而后者紧紧贴合在知识教育周围，延展性较差。因此，在线早教类产品应整合全媒体资源向泛娱乐方向发展，未来道路可能会越走越宽。

另外，新一波人口红利将更大地影响线下市场以及线上母婴群体，短期内对在线早教的影响较小，但这会带动与在线早教相关领域的发展，比如幼儿园信息化建设等。

第二节　垂直母婴电商类

一、市场概况

中国的母婴市场蕴藏着巨大的潜力。这一潜力在2014年随着我国“全面二孩”的放开、跨境电商的利好政策以及新一代家庭的消费升级而全面爆发。

2015年10月29日，中共十八届五中全会提出，为促进人口均衡发展，坚持计划生育的基本国策,完善人口发展战略,全面实施一对夫妇可生育两个孩子政策。从 21 世纪初各省份陆续放开“双独二孩”,到 2013 年的“单独二孩”,再到 2015 年的“全面二孩”,我国生育政策的放宽对于人口的增加有着直接的推动作用。根据国家统计局的数据,从 2011 年起,我国人口出生数有明显上升。2014 年我国人口出生数约为1 690万人,比 2013 年增长约 2.9%,预计后续将有更大幅度的增长。这一波新生人口的红利将在第一时间抵达母婴、早教等领域,拉动其快速发展。[①]

跨境产品目前已成为母婴电商的标配。2014 年,政策红利不断释放出来,越来越多的企业进军跨境电商领域:一方面是传统电商巨头高调入场,天猫国际、京东全球购等纷纷上线;另一方面是垂直类电商借由跨境的风口“死灰复燃”,并在资本的支持下火速发展,其中,母婴类垂直电商发挥了巨大作用。根据商务部预测,未来几年跨境电商占中国进出口贸易比例将会提高到 20%。

(一)利好政策

➢ 2012 年

国务院批准郑州、上海、重庆、杭州、宁波等 5 个城市作为跨境电商进口的试点城市,并给予跨境电商税收上的优惠政策。

➢ 2013 年

新增广州为试点城市。

➢ 2014 年

海关总署发布了《关于跨境贸易电子商务进出境货物、物品有关监管事宜的公告》和《关于增列海关监管方式代码的公告》,从政策上认可了通过电子商务交易平台实现跨境交易的企业和个人的合法化,同时认可了业内通行的保税模式。

新增深圳为试点城市。

---

① 福蒙蒙. 跨境电商“逆”生长:贸易额 2016 年破 6.5 万亿元[N]. 华夏时报,2016-01-08.

➢ 2015 年

国务院常务会议提出了关于降低进口产品关税试点、税制改革和恢复增设口岸免税店的相关政策，表明了政府促进消费回流国内的决心。

➢ 2016 年

国务院常务会议决定在天津、上海、重庆、合肥、郑州、广州、成都、大连、宁波、青岛、深圳、苏州等 12 个城市新设一批跨境电子商务综合试验区。

同时，伴随着我国中产家庭的崛起，新一代家庭在消费理念上有了全新升级。我国特有的“4＋2＋1”家庭结构以及家庭可支配收入的持续增长，使得新一代家庭在母婴产品的选择上对产品品质的追求超过对于价格的关注。越来越多的年轻父母开始把眼光放到国外母婴商品上，通过各种渠道购买母婴产品，尤其是奶粉、尿不湿等刚需产品。但受到海关政策、奶源地限购令、不稳定的供货周期以及缺乏监管的质量体系等影响，依靠个人力量的海淘代购问题重重。而此时，跨境母婴电商的崛起刚好填补了这一巨大的需求缺口。

（二）历程与分类

母婴电商平台的发展大致可以分为三个阶段：第一个阶段是 2004 年之前，母婴作为垂直电商平台的一类发展起来。其中，乐友孕婴童是国内第一家垂直母婴电商平台。2004 年，以母婴用品的目录邮购和在线订购起家的红孩子成立，并一度发展辉煌。红孩子在 2009 年年销售额达到 20 亿人民币，并在 2005—2012 年共拿到总额约5 000万美元的四轮融资。但由于目录转型不畅、销售增长乏力、领导人管理不善等原因，最终于 2012 年被苏宁接手。此时，京东、天猫等综合型电商平台也开始将母婴品类拿出来单独运作，传统的母婴电商平台乃至整个垂直类电商平台都进入了步履维艰的窘境。

2000 年 1 月，乐友孕婴童网站上线；

2002 年 9 月，爱婴室网站上线；

2003 年 4 月，丽家宝贝网站上线；

2003 年 10 月，母婴之家网站上线；

2004 年 3 月，红孩子网站上线。

第二个阶段是 2004—2014 年。此阶段的特征是综合型电商平台开始拓展品类，母婴作为其中发展强劲的品类开始不断受到综合型电商平台的重视，而综合型电商平台将母婴品类拿出来独立运营也对垂直类母婴电商平台造成较大冲击。2012 年苏宁收购红孩子可看作是垂直母婴电商平台的一个发展拐点。从目前的市场份额来看，线上母婴类产品销售仍以综合型电商平台为主。

2008 年 7 月，1 号店母婴业务上线；

2010 年 6 月，亚马逊母婴业务上线；

2010 年 7 月，京东母婴业务上线；

2010 年 8 月，淘宝母婴业务独立运营；

2011 年 6 月，当当宣布重点运营母婴业务；

2012 年 5 月，苏宁收购垂直母婴平台红孩子。

第三个阶段是 2014 年之后，跨境母婴电商平台出现。借助各项政策利好，一批跨境母婴电商在得到资本的助力之后发展迅速，如蜜芽宝贝、贝贝网、宝贝格子等。此类跨境母婴电商主要采用的是保税进口模式。

跨境电商主要有直邮进口模式和保税进口模式两种。直邮进口模式指符合条件的电商平台与海关联网，境内消费者跨境网购后，跨境电商将电子订单、支付凭证、电子运单等实时传输给海关，按个人邮递物品征税。也就是说，商品通过国际快递运达国内海关进行清关，再由国内快递送达消费者手中。直邮进口模式主要针对综合型电商平台，商品品类更为齐全，但在价格和物流速度上不如保税进口模式。

保税进口模式指跨境进口电商提前批量采购商品，并将其运至保税区内保税仓库免税备货，客户订单发出后，商品直接从保税仓库发出，在海关等部门监管下通关。由于享受行邮税政策，商品价格比通过传统进口贸易缴纳进口关税、增值税和消费税的方式降低很多。同时，由于商品是存储在国内的保税仓库，因此在物流速度上也更有优势。但与直邮进口模式相比，保税进口模式商品种类相对较少。

对于消费者来说，海淘不仅为了更好品质的商品，也为了更合理的商品价格。电商领域的竞争从来都离不开价格，跨境母婴电商也是如此。在传统的进口贸易中，商品从国外的品牌商或经销商发出，通过海关进入到国内后需要经过多个层级的中间商转手，才能最终到达消费者手中。每一层中间商都要攫取部分利润，因此最终抵达消费者手中的商品加价较为严重。而跨境进口电商则是将多个品牌的产品批量打包放入海外仓或国内保税仓，消费者下单后，商品通过海关直接由国内的物流体系送达消费者手中。被切掉的中间商利润以低价的方式向消费者进行补贴，从而为跨境母婴电商吸引了庞大的用户流量。

从销售模式来看，垂直母婴电商平台可以分为常规电商平台、特卖闪购平台和导购型平台三类(如图 4-9 所示)。

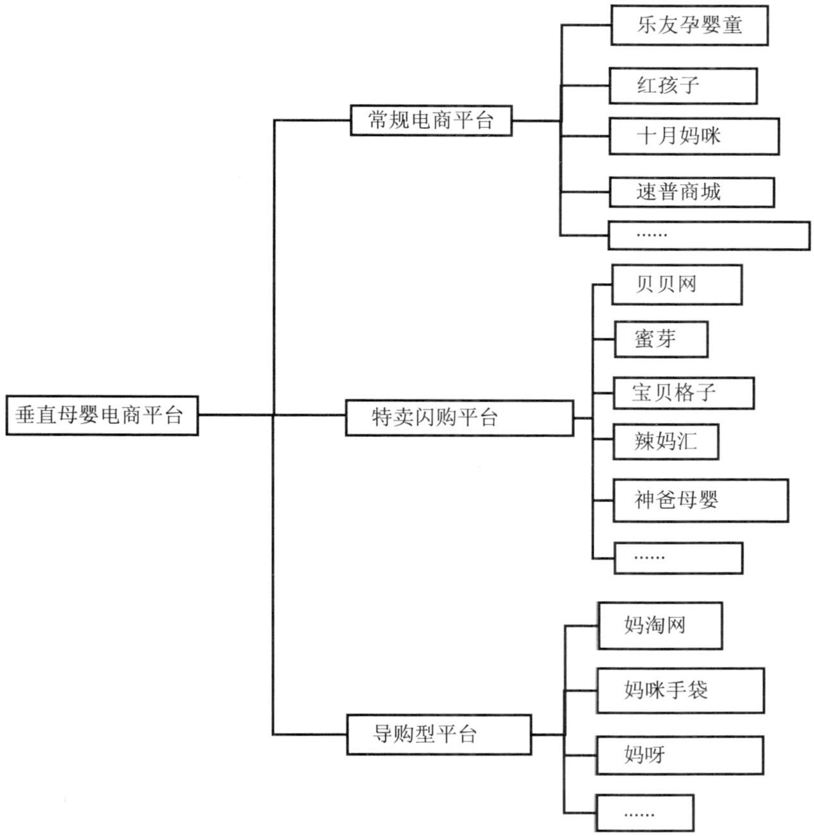

图 4-9　垂直母婴电商平台分类

1.常规电商平台

常规电商平台在综合型电商平台母婴业务的冲击下相对发展较弱,其成立时间和获得融资的时间相对较早(如表4-5所示)。其中,孩子王和红孩子的模式较为类似,采取的是"网店+目录邮购+线上电商"的发展模式。2012年之后,常规的母婴电商平台进入沉寂期。从常规电商平台的融资轮次也可以看出其已时过境迁,既有的网站也在谋求与跨境电商的合作。比如2015年获得融资的速普商城成立于2009年,是国内第一批启用电子发票的商城,主要以低价正品策略开拓市场,目前也开始向特卖和跨境转型。另外,十月妈咪也引入了闪购模式。

表4-5 常规电商平台融资情况

时间	名称	金额	轮次	投资机构	成立时间	成立地点
2010.1	孩子王	数千万人民币	A轮	景林投资	2009年	南京
2011.6	十月妈咪	4 000万人民币	A轮	红杉资本中国	2009年	上海
2011.10	蛋生网	300万人民币	天使轮	旦恩创投	2011年	北京
2011.10	优1宝贝	数千万人民币	A轮	云锋基金	2011年	上海
2012.8	孩子王	5 500万美元	B轮	华平投资	2009年	南京
2015.2	速普商城	5 000万人民币	A轮	汉理资本	2009年	青岛

2.特卖闪购平台

主打特卖闪购的母婴电商平台已经成为整个母婴垂直类电商中的一支主力军,其特点是以品牌低折扣和限时低价抢购为主,属于母婴电商中的"唯品会"。目前,国内消费者对于国外母婴商品的认知还局限在少数知名品牌上,品牌传播渠道比较单一,因此,特卖闪购平台在品牌选择上仍以国内消费者熟知且接纳的品牌为主。

2014—2015年,特卖闪购平台共有18起融资事件,涉及的项目共13个(如表4-6所示)。其中,蜜芽宝贝和贝贝网分别完成D轮1.5亿美元融资和C轮1亿美元融资,领跑这一领域。除此之外,辣妈汇、亲亲宝贝、宝贝格子也拿到了数千万人民币的融资。

然而,曾拿到A轮融资的唯一优品在势头正猛之时传出倒闭的负面消息。

虽然后续官方进行了澄清，表示唯一优品是在进行业务调整，但其网站到目前为止仍然无法打开。唯一优品于 2014 年 5 月开始进入母婴电商领域，平台上商品覆盖母婴的全品类，包括标品类的奶粉、纸尿裤以及非标品类的孕童装和玩具等。

表 4-6 特卖闪购平台融资情况

时间	名称	金额	轮次	投资机构	成立时间	成立地点
2014.1	蜜芽宝贝	数百万美元	A 轮	真格基金、险峰华兴	2014 年	北京
2014.5	蜜芽宝贝	2 000 万美元	B 轮	红杉资本、真格基金、险峰华兴	2014 年	北京
2014.12	蜜芽宝贝	6 000 万美元	C 轮	红杉资本、真格基金、H capital	2014 年	北京
2015.9	蜜芽宝贝	1.5 亿美元	D 轮	百度、红杉资本、H capital	2014 年	北京
2014.8	贝贝网	1.5 亿人民币	B 轮	高榕资本、IDG	2014 年	杭州
2015.1	贝贝网	1 亿美元	C 轮	今日资本、新天域资本、IDG、高榕资本	2014 年	杭州
2014.8	辣妈汇	9 000 万人民币	A 轮	赛富基金、亚洲基金、德同资本、中国远镜连锁成长基金	2014 年	杭州
2014.9	爱囤货	——	天使轮	——	2014 年	厦门
2014.10	唯一优品	2 亿人民币	A 轮	——	2014 年	广州
2014.12	尿布师	1 000 万人民币	天使轮	联创策源、德沃基金	2014 年	嘉兴
2014.12	牛奶母婴	数百万美元	天使轮	——	2014 年	南宁
2015.2	亲亲宝贝	4 000 万人民币	A 轮	大湖股份	2005 年	北京
2015.3	神爸母婴	数百万人民币	天使轮	——	2014 年	广州
2015.3	神爸母婴	1 000 万人民币	A 轮	才金资本	2014 年	广州
2015.5	小鹿美美	1 000 万人民币	Pre-A	中鼎创投	2014 年	上海

续表

时间	名称	金额	轮次	投资机构	成立时间	成立地点
2015.7	百宝香	数百万人民币	Pre-A轮	集结号资本	2014年	杭州
2015.8	妈咪驾到	数十万人民币	天使轮	苏河汇	2013年	上海
2015.8	宝贝格子	5 000万人民币	A轮	——	2014年	北京

3. 导购型平台

导购型平台走的是美丽说、蘑菇街的发展模式。导购型平台把购买、评论、优惠和原创分享等内容展示给用户，帮助他们作出消费决策。

传统的导购型平台存在一些问题，比如与上游电商平台之间的关系较难平衡。导购型平台的快速增长会使上游电商平台的独家流量入口受到影响，这背后便是直接的利益触动。因此，淘宝为了保障平台内部的生态平衡，切断了美丽说这一庞大的外部流量接入口。从目前来看，虽然垂直母婴电商平台发展得风生水起，但各大综合类电商平台仍然占据着线上母婴商品销售的绝对优势。再如，导购型平台经常会陷入低价的旋涡中，由于缺少一线品牌来服务相对高端的用户，二三线品牌所带来的低价虽然在短期内能够聚集人气，却拉低了整个平台用户的购买能力和水平，因此整个平台的毛利相对也比较低。这一点与垂直母婴电商的发展路径相背离。

但如果将导购型平台与“买手”电商相结合，导购的主体从平台本身变为母婴领域值得信赖的专业买手(买手本身也可能是母亲)，买手就可以在平台开店并以“长尾非标品”为卖点吸引大众消费者，将导购型平台的“低价经济”转变为“共享经济”。如此一来，导购型平台在垂直母婴电商中的发展就相对光明了。“妈呀”就是通过专家指导和达人推荐的购物清单来引导消费者进行购买的。

优秀的买手不仅可以通过分享与推荐建立个人信任机制，还可以成为国外品牌抵达国内消费群体的信息通道。在引导用户这个层面，导购型平台有着重要的价值。相比之下，这种以买手为驱动的导购型平台更适合移动电商，消费场景和社交属性的融合将成为这类平台的营销亮点。但如何获得消费者的信任，提升流量转化率仍是导购型平台的发展难点。近年来，导购型平台融资情况如表4-7所示。

表4-7 导购型平台融资情况

时间	名称	金额	轮次	投资机构	成立时间	成立地点
2012.12	妈淘网	1 000万人民币	天使轮	——	2015年	北京
2014.5	妈妈值得买	数百万人民币	天使轮	九合创投	2012年	北京
2015.1	妈咪手袋	数百万人民币	天使轮	三万弘合投资、3W创业基金	2014年	北京
2015.8	因淘优品	数百万人民币	天使轮	洪泰基金	2014年	深圳
2015.8	妈呀	5 000万人民币	A轮	——	2010年	浙江

二、典型案例:蜜芽宝贝

蜜芽宝贝的前身是一家名为"mia时尚母婴用品"的淘宝店,只销售由花王(中国)授权经销的正品行货花王纸尿裤,2011年由全职妈妈刘楠在北京创立。2014年3月,蜜芽宝贝官方商城正式上线,定位为进口母婴用品限时特卖平台。根据其官方消息,蜜芽宝贝上线的第一个月就拥有百万级用户量,10月份成交总额超过1亿元人民币,移动端销售占比75%,80%的销售收入来自于自营。

截止到2015年9月,蜜芽宝贝已经完成了四轮融资(如表4-8所示)。

表4-8 蜜芽宝贝融资情况

时间	名称	金额	轮次	投资机构
2014.1	蜜芽宝贝	数百万美元	A轮	真格基金、险峰华兴
2014.5	蜜芽宝贝	2 000万美元	B轮	红杉资本、真格基金、险峰华兴
2014.12	蜜芽宝贝	6 000万美元	C轮	红杉资本、真格基金、H Capital
2015.9	蜜芽宝贝	1.5亿美元	D轮	百度、红杉资本、H Capital

蜜芽宝贝以B2C自营为主,并结合了特卖闪购的销售模式。从目前来看,蜜芽宝贝的挑战在于整合供应链("境内+境外"供应链),价值主要体现在提供与国内消费者逐步升级的需求相适应的选品解决方案。

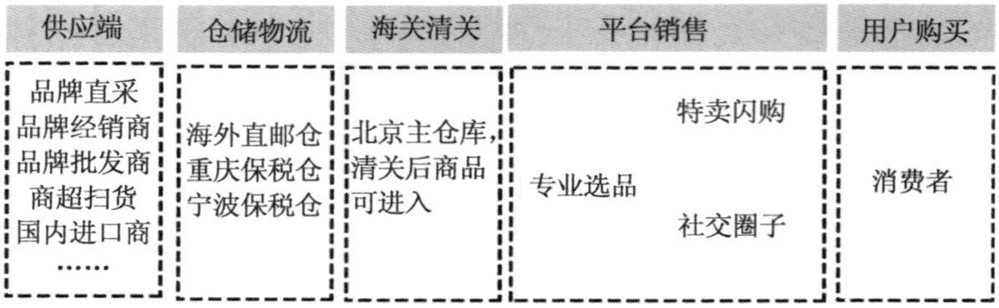

图 4-10　蜜芽宝贝流程模式

从供应端看，跨境电商的供应端整体不稳定。由于跨境电商短期内拿到国外大品牌授权很难，而国内消费者对于特定品牌的认知度又较高，不存在以其他品牌或其他地区品牌进行替换的可能。因此，目前的跨境电商以复合供应链为主，包括品牌直采、品牌经销商和批发商采购等，以保证平台供应的相对稳定，但这会降低平台在上游的议价能力和利润，在品控上也容易出现问题。蜜芽宝贝上的畅销品日本花王纸尿裤也存在这样的问题，由于拿不到花王的直接授权，因此蜜芽宝贝通过入股日本的经销商公司来稳定平台货源。对于跨境母婴电商平台来说，境外供应链整合的困局使得“品质”二字目前还难以真正得到保证。

从仓储物流看，蜜芽宝贝在海外建立了直邮仓，在国内建立了两个保税仓和一个主仓库。商品在清关之后可以进入北京主仓库经由国内物流发送到消费者手中。另外，2015 年 6 月，蜜芽宝贝宣布战略投资重庆西永综合保税区，未来将对接重庆“渝新欧”国际铁路运输通道，拓展更多上游欧洲品牌供应商。随着国家开放更多的跨境试点城市，跨境电商的物流速度对于平台的附加值将会逐渐减弱。

从销售模式看，“直邮＋特卖闪购”模式可以有效地缓解供应链压力，这也是跨境电商目前采取此种销售模式的直接原因。从消费者角度看，“直邮＋特卖闪购”模式更易击中自己的品牌认知，并可通过平台推荐进行多次选品。平台通过高品质的品牌折扣也加强了自身的品牌建设。从供应商角度看，“直邮＋特卖闪购”一方面可以实现现金的快速回流，提高商品的周转率，另一方面也可以使供应商在保证既有渠道价格不乱的情况下进行商品清仓。但这一模式也存在固有缺陷:平台品类较为受限,基本靠畅销品支撑。因此,跨境母婴电商现阶段的高速发展并非处于健康状态,平台应该逐步拓展其他高毛利品类,淡化跨境和垂直电商的概念,向其他差异化方向发展。

另外,以 85 后、90 后为主体的新手妈妈们已经习惯于互联网的信息获取方式,她们有着极强的社交意识,同龄宝宝的使用经验和分享对于她们做决策有着极强的引导作用。因此,在线上,蜜芽宝贝开通了"蜜芽口碑",通过消费者的口碑展示来探索社会化的营销;在线下,蜜芽宝贝通过与红黄蓝教育机构的合作来探索消费的场景化。

2015 年 4 月,蜜芽宝贝和红黄蓝教育机构宣布合作并组建合资公司,在红黄蓝的线下门店中开拓 O2O 服务。在这次合作中,蜜芽宝贝提供跨境供应链,满足线上和线下用户的商品需求,而红黄蓝则充分利用其线下的渠道和用户资源,将规模效应和垂直电商的优势结合起来。红黄蓝教育机构在全国拥有近 1 000家亲子园和 300 多家幼儿园,正好为母婴电商的线下消费提供了绝佳的现实消费场景。①

与蜜芽宝贝在同一时期成立的贝贝网,在平台定位、供应链、产品种类、消费群体等方面与蜜芽宝贝有着差异化打法。相比较而言,贝贝网的发展模式有三个特点:第一,上游供应商更多的是国内品牌商及其授权代理商,平台通过整合线下网络营销渠道的方式与供应商形成良好衔接,在拓展自身平台 SKU (Stock Keeping Unit,存货单元)的同时缓解供货需求和库存压力,但这也弱化了"跨境"的特征,在品牌竞争力上处于弱势。第二,分层次的"分众电商"模式更有利于其在短时期内获得一定的资金支持,但相对于蜜芽宝贝这种能不断引导用户认知和消费行为的平台来说,贝贝网的用户黏度较弱。第三,无需自建仓储物流,减少了货物周转的中间环节,但这也存在着严峻的品控问题。

---

① 文刀. 蜜芽宝贝与红黄蓝组建合资公司 布局母婴 O2O[EB/OL]. (2015-04-21)[2017-08-31]. http://tech.sina.com.cn/i/2015-04-21/doc-iavxeafs5958660.shtml.

表 4-9 贝贝网和蜜芽宝贝简要对比

	贝贝网	蜜芽宝贝
平台定位	POP 第三方商城	B2C 自营商城
成立时间	2014 年 5 月	2014 年 2 月
公司地点	杭州	北京
融资情况	已完成 C 轮 1 亿美元融资	已完成 D 轮 1.5 亿美元融资
供应链	分为国内和国外两部分：国内通过与品牌或品牌代理联营的方式，由供应端负责仓储和物流；国外供应端以跨境买手扫货为主	品牌直采、品牌经销商和批发商供货，国内进口商供货等复合供应链。
仓储物流	国内品牌联营帮助贝贝网减少了仓储和物流成本。另外，贝贝网已在华东、华南以及香港建仓，国外在北美、欧洲等地区的仓库也进入调试阶段	在海外建立了直邮仓，在重庆和宁波建立保税仓，在北京建立主仓库
销售模式	以国内品牌联营为主	以跨境电商特卖闪购为主
消费群体	四、五线城市人群	一、二线城市人群

三、小结

跨境母婴电商平台的兴起在很大程度上受惠于国家政策，跨境交易的合法化以及行邮税的出现极大地刺激了原本处于灰色地带的跨境商品流通。但随着“供给侧改革”的提出以及海淘中各种问题的出现，一旦国家收紧税率方面的优惠政策，目前仍处于高速发展期的跨境母婴电商平台将受到极大冲击。

海淘市场中仍存在着信息不对称，用户仍需要品牌和价格的培育及引导。因此，该领域中电商与社交有着天然的结合点。

当前依靠单品打造“爆款”的跨境母婴电商在后续发展中仍面临着 SKU 的扩充问题，解决办法一是可以向全品类的跨境电商平台发展，二是可以适当扩大母婴品类，引入更多的国内品牌。但不论如何，现阶段的跨境母婴电商只是一个过渡形态。

第三节 母婴网络社区

一、发展概况

国内母婴网络社区兴起较早，基本与第一批垂直母婴电商平台同时出现，最初以提供各类育儿资讯为主，目前已向多种业务进行拓展。综合几大母婴网络社区来看，其提供的服务主要包括社交、资讯、电商和工具四大部分，尤以前三部分为主。

表 4-10 主要母婴网络社区发展情况

	社交	资讯	电商	工具
宝宝树	“树下”提供同龄、同城的社交主题	分为育儿问答、育儿知识和孕育周刊三部分，分别对应碎片化问答、系统百科知识和成长同步贴士	自建垂直母婴电商平台“美囤妈妈”，除常规标品外，上线了一批创业类母婴品牌。除电商外，还有分龄早教产品米卡、BABYBOX 等	已上线记录工具“宝宝树时光”和孕期管理工具“宝宝树孕育”；推出儿童分龄推荐的应用平台“宝宝书”
摇篮网	“摇篮社区”提供兴趣、周边、同城、同龄和品牌等社交主题	包括早教、营养、健康等内容，有年龄段分类	与“神爸母婴”电商平台合作，摇篮网有跳转入口	已上线多款 App，并与多家电视台、出版社、智能硬件公司等开展深度合作
育儿网	“育儿论坛”提供同龄、同城、女性等社交主题	分为育儿问答、父母学堂和育儿宝典三部分	以导购平台方式跳转至各个电商平台及品牌官网	有多款手机 App，2015 年在香港上市
妈妈说	“妈妈论坛”提供育儿、生活等交流主题	分年龄段提供早教、健康、喂养和生活四方面资讯	电商产品销售跳转至麦乐购网站，同时自建母婴产品库，只做口碑推荐，暂无关联销售	妈妈说 App

从表 4-10 我们可以看出，各大母婴网络社区在大的构建上基本相同：以社交和资讯为刚需，衍生出可以变现的电商以及可以吸引用户的移动工具。

(一)母婴网络社区发展情况

1.社交

以同龄和同城的圈子为主,通过用户原创内容及平台生产内容的方式进行话题讨论,并为后续的资讯、电商、工具提供价值基础。

2.资讯

从横向的内容分类及纵向的年龄分段两方面展开,随着母婴网络社区从育儿网站向综合型母婴社区的定位转变,资讯内容也向备孕、家庭等方向延展,但始终以女性视角为中心。

3.电商

电商可以看作是母婴网络社区价值析出的一个主要方式,未来也可能成为除广告收入之外母婴网络社区的另一大盈利来源。目前社区与电商结合的方式主要有三种:一是自建电商平台,如宝宝树的美囤妈妈;二是与既有的垂直母婴电商合作,如摇篮网与神爸母婴的战略合作;三是作为导购型平台向第三方网站跳转,如妈妈说和育儿网。

4.工具

根据不同的人群,母婴网络社区的工具可以分为两大类:第一类是针对宝宝的成长记录类,这类工具有些被折叠在社交论坛中,成为论坛的一类话题,如宝宝时光、宝宝相册等,也有些直接做成App,如宝宝树时光、亲宝宝等,但这类产品面临着QQ空间、微信朋友圈的替代性威胁;第二类是备孕及孕期健康类,如宝宝树孕育、辣妈帮、大姨吗等,相对来说,后两者在女性健康管理工具方面做得更专业。

5.其他

随着母婴产业的火热发展,不同分支的产品合作成为一大亮点。除了像好未来战略投资宝宝树延伸其早教业务的资本合作外,以摇篮网为代表的母婴网络社区在合作对象上更为多元化,涉及出版、电视综艺、智能硬件等多个方面。

(二)融资情况

从融资时间看,母婴网络社区获得融资的时间较早,产品发展至今已经比较成熟。从金额和轮次看,该领域吸金能力较强,育儿网和妈妈网均已上市。虽然仍有新生力量进入该领域并获得资本支持,但总体来说赛道已经关闭,差异化竞争的机会可遇不可求(如表 4-11 所示)。

表 4-11　母婴网络社区融资情况

时间	名称	金额	轮次	投资机构	成立时间	成立地点
2008.3	妈妈说	200 万美元	A 轮	德同资本	2007 年	北京
2014.7	宝宝网	数千万人民币	A 轮	——	2010 年	福州
2007.5	宝宝树	1 000 万美元	A 轮	经纬中国	2007 年	北京
2008.3	宝宝树	1 000 万美元	B 轮	经纬中国	2007 年	北京
2011.1	宝宝树	数千万美元	B 轮	海纳亚洲、经纬中国等	2007 年	北京
2014.1	宝宝树	1.5 亿人民币	战略投资	好未来	2007 年	北京
2015.7	宝宝树	3 亿美元	C 轮	聚美优品、千合资本等	2007 年	北京
2000.3	摇篮网	数百万美元	A 轮	兰馨亚洲	1999 年	北京
2006.12	摇篮网	1 000 万美元	C 轮	成为资本、兰馨亚洲	1999 年	北京
2008.3	摇篮网	1 710 万美元	C 轮	成为资本等	1999 年	北京
2014.8	摇篮网	数千万美元	D 轮	——	1999 年	北京
2015.6	摇篮网	亿元以上人民币	E 轮	广发信德、才金资本	1999 年	北京

(三)盈利模式

母婴网络社区的收入主要来自网络广告,电商收入总体较少。

从育儿网 2015 年第三季度的公开财报来看,截止到 2015 年 9 月 30 日,其收益分为营销及推广服务和电子商务两部分,其中,营销及推广服务收益为

5 490万人民币，电子商务收益为49万人民币，电子商务收益只占总收益的0.88%。①

表4-12 育儿网2015年第三季度的公开财报(截至9月30日)

收益	2015年 (万元)	2014年 (万元)
营销及推广服务 电子商务	5 490 49	3 388 5
合计	5 539	3 393

从妈妈网2015年10月的公开转让说明书来看(如表4-13所示)，2013年妈妈网的收入主要为网络广告收入，占比达到99.4%。2014年引入电商业务后，其收入分为网络广告收入、电商收入和其他收入三部分，并且电商收入占比迅速增长。其中，网络广告收入占比由2014年度的95.59%下降到2015年1—4月的72.18%，而电商收入占比从2014年度的4.24%上升到2015年1—4月的27.61%。从金额来看，2015年1—4月电商收入约为1 174万元，比2014年度增长约739万元。②

表4-13 妈妈网2013年、2014年、2015年1—4月收入情况

项目	2015年1—4月		2014年度		2013年度	
	金额(万元)	占比(%)	金额(万元)	占比(%)	金额(万元)	占比(%)
网络广告收入	3 071.36	72.18	9 842.10	95.59	5 631.31	99.4
电商收入	1 174.78	27.61	436.14	4.24	—	—
其他收入	8.71	0.21	17.85	0.17	33.96	0.60
合计	4 254.85	100.00	10 296.10	100.00	5 665.28	100

与在线早教类和垂直母婴电商相比，母婴网络社区在盈利模式上从最初的

① 中国育儿网络控股有限公司.第三季季度业绩公告[R/OL].(2015-09-30)[2017-08-31]. http://www.ci123.com/ir/upload/CP_C_3Q%20Result%20Ann%20(Final%20version).pdf.

② 广发证券股份有限公司.广州盛成妈妈网络科技股份有限公司公开转让说明书(申报稿)[R/OL].(2015-09-09)[2017-08-31]. http://v2.neeq.com.cn/disclosure/2015/2015-10-28/1446020245_990421.pdf.

单纯依赖广告收入到如今的以广告收入为主,电商收入不断增加。母婴市场中的用户具有天然的社交基因,基于话题和关系形成的母婴论坛拥有一批高黏度的消费群体,这一群体的存在是母婴网络社区借由电商渠道变现的基础。

虽然电商业务看似成了母婴网络社区新的增长点,但其庞大的前期投入和运营成本会增加企业的成本,而其较薄的盈利空间和前期的价格战可能会降低企业的净利率。母婴网络社区在盈利模式上还应该开掘更为多元的方式,比如:

- 与互联网健康结合,引入更专业的幼儿及妇科问诊机制,从问诊向医药、挂号、康复等多个环节深入,如妈咪知道;
- 与互联网旅游衔接,将社区的线下活动与亲子游产品结合起来,或定制专业的亲子游线路,与社交板块中的同城活动相结合;
- 引入第三方商户,通过构建本地化的母婴商户平台来实现对商户端的收费;
- 通过销售实物或虚拟产品获取利润,如母婴类产品、移动端 App 等。

二、典型案例:妈妈网

妈妈网的母公司为广州盛成网络科技股份有限公司,成立时间为 2006 年,2015 年在新三板挂牌上市。公司定位于服务妈妈群体的专业互联网服务提供商,建立了一个全国性的母婴网络社区——妈妈网,并设立了 32 个城市妈妈网站点。2013 年开始,公司从 PC 端延伸至移动端,业务包括社交、资讯、电商、工具等四大板块。其中,主营业务为网络广告和电子商务。

(1)妈妈网

妈妈网创办于 2008 年,定位于母婴垂直资讯门户网站。根据公司的公开转让说明书,2015 年 6 月,妈妈网月度日均 PV(Page View,页面浏览量)为 202.93 页数/百万浏览,月度日均覆盖数 UV(Unique Vistor,独立访客)为 2 957.9人/百万人。用户在妈妈网上的原创内容与自发交流成为其核心价值。

(2)城市妈妈网

城市妈妈网中最早设立的为广州妈妈网。它以论坛为核心,提供本地化资讯,随后公司将广州妈妈网的模式复制到其他城市,最终形成了全国 32 个城市妈妈网站点的战略布局。城市妈妈网主要布局在全国一、二线城市,以城市家庭为核心受众,提供消费、亲子、健康一站式服务。

(3)妈妈圈、怀孕管家 App

妈妈圈是一款母婴移动社交产品,怀孕管家是一款孕期管理类产品,二者负责妈妈网及各城市妈妈网 PC 端用户向移动端的迁移。

(4)小树熊

小树熊是妈妈网旗下的垂直母婴电商平台,商品包括标品及非标品,SKU 达到5 000余个。目前,小树熊主要通过妈妈圈和怀孕管家导流,将社交与电商结合起来。

小树熊销售模式包括“自采自卖”和“代收代发”两种。“自采自卖”类似于蜜芽宝贝的 B2C 自营模式,由平台完成选品、采购、存储、销售、物流等全过程。小树熊发展初期采取此种模式,但由于该模式对现金流产生了一定影响,因此公司自 2015 年 5 月起将部分品类的商品改为“代收代发”模式,即类似于贝贝网的 C2C 第三方平台模式,小树熊仅作为商品展示平台,消费者在平台上下单后,订单转移到供应商处,由供应商直接向消费者发货并承担售后服务。

从公司公布的“两年一期”主要财务数据及财务指标看,公司净资产收益率从 2013 年的 21.17%下降到了 2015 年 4 月的−22.10%,这说明在 2015 年 1—4 月,公司处在亏损状态。从存货周转率、资产负债率以及经营活动产生的现金流量净额来看,公司存货流动性减弱,应收账款增多,受制于上游供应链的风险增加(如表 4-14 所示)。这与公司“自采自卖”的销售模式有关,同时也表明公司在产品销售方面并不乐观。

表 4-14　公司"两年一期"部分财务数据及财务指标

项目	2015 年 4 月 30 日	2014 年	2013 年
资产总计(万元)	6 415.15	6 986.14	5 523.56
毛利率(%)	46.70	68.24	64.28
净资产收益率(%)	−22.10	21.84	23.17
应收账款周转率(%)	1.28	3.4	3.36
存货周转率(%)	5.17	18.01	—
资产负债率(母公司)(%)	17.62	7.75	5.58
经营活动产生的现金流量净额(万元)	−19.65	−737.67	454.07

三、小结

母婴网络社区有两个重要特征:第一是提前布局及占位,第二是长时间的内容积淀。这两点竞争优势使得其能够产生体量较大的上市公司,并且可以随着市场的风潮吸纳新的元素,比如母婴电商。因此,目前想要进入该领域必须有差异化的业务模式和商业模式,将用户社交和获取资讯的诉求再进行细分,精准定位,并与其他热点相结合,比如母婴医疗等。

另外,母婴领域的电商与社区结合也是一把双刃剑。一方面,两者有着天然的合作基础:社交需要电商来变现,而电商需要社交进行导流,且社区自带用户的信任和口碑。因此,将母婴网络社区的大流量对接到自建或第三方的电商平台,并在社区内部进行导购型的消费引导成为比较流行的做法。但用户在这两个场景中的诉求并不一致,过多的消费引导也会伤害社区本身的生态。电商不能仅仅依赖社区这一个流量出口,社区对电商的导流应该是有限的,电商对社区的变现也是有限的,电商收入在社区总收入中的占比不应过高。另一方面,相对于垂直母婴电商平台来说,母婴网络社区自建的电商平台在上游供应链、仓储物流、销售模式等方面都不占优势,且还需要面对综合型电商平台及垂直母婴电商平台的双重夹击,这使得此类自建电商平台可能最终陷入赔本赚吆喝的窘境。而对于通过与第三方电商合作获取佣金及返点的母婴网络社区来说,又回到了"导流与变现是有限的"这一结论中。因此不难看出,短期内电商不会成为母婴网络社区变现的主要渠道。

第四节　母婴智能硬件类

一、市场概况

2014年,智能硬件产品开始兴起。它通过软硬件结合的方式,对传统设备进行改造,让其拥有智能化的功能。硬件智能化之后,具备了连接能力,可以实现互联网服务的加载,形成"云+端"的典型架构。智能硬件从最初的智能穿戴设备、智能电视已延伸至智能家居、智能汽车、医疗健康、智能机器人等领域。

智能硬件的发展与智能手机的普及有着重要的联系。智能手机的计算、控制、显示、联网等功能使之成为智能硬件的外部设备,从而降低了成本。同时,移动互联网的发展和普及也使得智能硬件具备了随时随地接入互联网的能力。

在产业链方面,目前,我国已经形成了从上游软件开发、芯片及零部件代工、云计算服务提供到工业设计、硬件代工以及渠道销售的完整产业链。其中,众筹经济、"粉丝"经济以及互联网金融小额贷款的发展,也为智能硬件提供了资金保障和推广销售渠道。产业链的打通不仅降低了准入门槛和价格,也为智能硬件对多种类的传统设备改造提供了支持。

另外,近年来国家出台了一系列针对物联网发展的相关政策,推动物联网及其相关的智能硬件发展。2010年10月,《国务院关于加快培育和发展战略性新兴产业的决定》将物联网列入国家发展战略,对中国物联网的发展具有里程碑式的意义。2013年2月,《国务院关于推进物联网有序健康发展的指导意见》指出:将建立健全有利于物联网应用推广、创新激励、有序竞争的政策体系,抓紧推动制定完善信息安全与隐私保护等方面的法律法规;建立鼓励多元资本公平进入的市场准入机制;加快物联网相关标准、检测、认证等公共服务平台建设,完善支撑服务体系;加强知识产权保护,加快推进物联网相关专利布局,从而推动物联网健康有序发展。

二、发展分类

当前，针对母婴领域的智能硬件集中在可穿戴设备和健康医疗两个方面。除此之外，与教育密切相关的产品主要为智能故事机。

（一）智能故事机

智能故事机是智能硬件中与教育联系最为紧密的一个品类。它们有卡通化的物理外形，用户可通过手机 App 对其进行控制，并通过手机联网来获取云端内容。但相对来说，智能故事机还不够智能，这主要体现在手机 App 对其控制的方式和程度。如果单纯强调云端内容的重要性，那么智能故事机无非是传统故事机的升级版。因此，神奇叫叫加入了手机远程对讲功能，并推出了与音频内容相配套的纸质出版物，强调“边听边看”。阿巴町故事机也尝试加入亲子游戏，增强其智能性。可见，智能故事机的卖点不应该仅仅集中在内容资源以及安全性上，而应该更加强调科技性和互动性。在这一点上，智能故事机还有很大的发展空间。

表 4-15　市场上部分智能故事机

产品	外形	特征	价格
贝瓦宝宝蓝牙故事机		内置 40mm 外磁式喇叭，材质为 ABS 塑料； 内置 870 个优质早教资源，并与贝瓦听听、贝瓦亲子直播间的在线资源直接对接	299 元
神奇叫叫		内置 52mm 高保真喇叭，材质为食品级硅胶； 内置 150 首儿歌，云端可下载分龄内容； 内置远程对讲机功能及智能闹钟	299 元

续表

产品	外形	特征	价格
阿巴町故事机		高保真喇叭，材质为 ABS 塑料与食品级硅胶； 内置 300 多首儿歌、故事，并可通过爱随行 App 下载和使用在线资源； 通过爱随行 App 家长可与孩子进行游戏互动	298 元

(二)智能手表、智能安全鞋

智能手表是智能硬件领域最先发展起来的一个品类，早在 2012 年，索尼就推出了第一代智能手表。随后，三星、苹果、华为等均发布了智能手表产品。2014—2015 年，主打定位防丢功能的儿童智能手表扎堆出现。儿童智能手表主打的卖点有两个：第一是通过定位防丢功能保护儿童人身安全，并增加智能围栏、紧急求救等辅助功能；第二是通过远程对讲增强亲子沟通功能，在替代一部分手机功能的同时增加用户黏性以及产品的娱乐性（如表 4-16 所示）。但由于技术及相关产业链已经发展相对成熟等原因，儿童智能手表领域的进入门槛很低，其价值集中在用户对品牌的认知度、推广销售渠道以及其捆绑的服务三个方面。

在品牌认知度方面，知名互联网公司推出的儿童智能手表有着天然的品牌优势；从推广销售渠道看，儿童智能手表主要依靠各大电商平台、代理商以及电信运营商进行推广，进入幼儿园及中小学校相对较难；从捆绑服务看，儿童智能手表正在探索语音内容及语音交互两个方面的发展，这与智能故事机的下一步探索方向基本一致。

表 4-16　市场上部分儿童智能手表

产品	外形	特色功能	价格
糖猫 T2	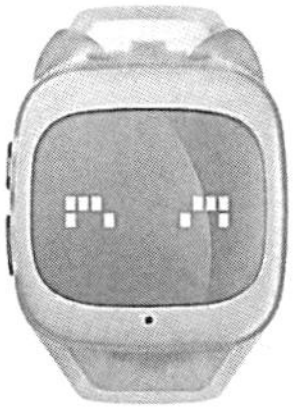	定位与搜狗地图对接； 内容与凯叔讲故事和喜马拉雅 FM 对接； 内置体感游戏	698 元
360 儿童手表 3S		配备彩色触摸屏； 有交友模式，支持手表好友互通电话	499 元
阿巴町手表		与智能手表连接的 App 可推送儿童到达信息，类似校讯通的家校提醒功能； GPS 导航回家功能； 配备彩色触摸屏； 内置亲子互动游戏	848 元
咘瓜手表		语音交互拓展了讲故事、报天气、应答等场景； 有交友模式，支持建立三个社交圈	799 元

智能安全鞋可以看作是智能手表的一个变种，它主打的功能依然是定位防丢。从优势上看，安全鞋的实用功能更加突出，并且它对于成长中的儿童来说是快速消耗品，有助于消费者的重复购买。另外，与需要穿戴的手表相比，将定

位功能内嵌在鞋子里更为便捷。但智能安全鞋受制于鞋子这一载体，可拓展性较差，未来可以试着从品牌合作方面发力。目前，市面上的智能安全鞋有 361°智能童鞋、步丢智能定位童鞋、云朵儿童安全鞋等。

（三）智能体温计、智能奶瓶

与智能故事机、智能手表和智能安全鞋相比，智能体温计和智能奶瓶针对年龄偏小的婴幼儿群体及新手父母。从学前教育“保教合一”的原则来看，此类产品更加侧重对婴幼儿的生理保护。另外，此类产品主要依靠市场中的长尾需求，用户群体较少，主要通过众筹的方式进行预售和推广。

智能体温计的特点是通过佩戴在婴幼儿身体上的智能硬件来向手机 App 持续记录和传递用户体温情况，并提供发烧警报。目前，市面上的智能体温计有发烧总监、BABY HERO、iFever 等（如表 4-17 所示）。但相对玩具、故事机等畅销智能硬件产品来说，智能体温计购买者不多，且父母在其温度准确度、材质和使用方式的安全性上还存在较多的疑问。

表 4-17　市场上部分智能体温计

产品	佩戴方式	价格	主要功能
发烧总监	腋下胶贴	399 元	实时采集数据、高烧预警、病症分析、在线咨询、数据云同步
BABY HERO	腋下或手臂胶贴	168 元	
iFever	腕带式	众筹 99 元	

与智能体温计相比，智能奶瓶解决的问题更为日常：为宝宝快速提供温度适合的奶水。这也是新手父母在育儿时每天都要面对的问题，智能奶瓶可以通过自动恒温和温度提示来防止水温过热。除此之外，智能奶瓶 App 还能够同步喂养数据，为新手父母提供喂养建议和参考，并通过与互联网医疗产品的结合来解决喂养中的具体问题。但由于奶瓶涉及食品安全问题，父母在选择时会格外注意其质量和品牌，因此虽然智能奶瓶解决了用户的一个刚需，但安全始终是父母选择的第一标准。目前，市面上的智能奶瓶有 COCOON、趣智宝、Sammoo 神妈等（如表 4-18 所示）。

表 4-18　市场上部分智能奶瓶

产品	价格	主要功能
COCOON	168 元	自动恒温及快速升温、健康喂养建议、数据云同步
趣智宝	众筹 199 元	
Smamoo 神妈	众筹 198 元	

除了婴幼儿以外，孕妇也是母婴市场的重点关注对象。在智能硬件部分，快乐妈咪针对孕妇开发了胎语仪、安全秤、胎动键三款智能硬件。萌动从胎心、胎动和母体监测入手，计划打造涵盖专属医生、一键咨询、母子健康档案的智能医疗云平台。但不管是婴幼儿还是孕妇，这两个特殊群体在产品选择上，安全始终是首位。这也成为智能硬件产品获取这两类人群信任的第一道也是最重要的一道关卡。

三、融资情况

在整个智能硬件领域中，可穿戴设备、智能家居的发展较快，其中不乏互联网巨头的身影，但在其他长尾需求点上，互联网巨头还鲜有布局。由于母婴、儿童领域的智能硬件产品针对的基本都是长尾需求，且多是单品销售，因此目前主要通过众筹的方式来进行小规模销售。在融资方面，针对母婴、儿童领域的智能硬件融资集中在 2014 年和 2015 年，在产品功能上也出现百花齐放的状态（如表 4-19 所示）。

表 4-19　婴幼儿智能硬件产品融资情况

时间	名称	金额	轮次	投资机构	成立时间	成立地点
2014.1	云豆科技	数百万人民币	天使轮	——	2013 年	杭州
2014.1	云豆科技	1 000 万人民币	Pre-A 轮	华睿投资	2013 年	杭州
2014.2	睿仁医疗（发烧总监）	数千万人民币	天使轮	北软天使等	2011 年	北京
2015.4	睿仁医疗（发烧总监）	数千万美元	A 轮	——	2011 年	北京

续表

时间	名称	金额	轮次	投资方	成立时间	成立地点
2014.10	WAAWO 哇喔科技	——	A轮	——	2014年	南京
2014.10	上海更多网络科技	数百万美元	A轮	纪源资本等	2014年	上海
2014.11	婴萌科技	数百万人民币	天使轮	米仓资本	2014年	北京
2015.1	童伴教育	500万美元	天使轮	洪泰基金、易一天使	2015年	北京
2015.9	童伴教育	1 000万人民币	A轮	新东方	2015年	北京
2015.2	放心宝	1 000万人民币	Pre-A轮	多牛资本	2014年	深圳
2015.5	么啊宝宝	数百万人民币	天使轮	分享投资	2015年	北京

四、小结

从用户心理来看，用户购买母婴类智能硬件产品主要满足了其消除内心疑虑的需求，并且通过各种形式的及时沟通与互动来进一步消除这种疑虑。这一点在可穿戴设备上尤为明显。绝大部分用户购买智能手表、智能安全鞋并不是为了在儿童发生危险时，它们能够协助保护儿童安全，而是起到危险预警以及让用户安心的作用。但单纯依靠消除用户内心疑虑并不足以黏住用户，因此智能手表现在纷纷定位为“儿童智能电话手表”，增加家长和儿童的语音沟通，一定程度上替代了手机功能。另外，其云端搭载的故事、儿歌等具有教育意义的音频资源又满足了家长寓教于乐的内心诉求。其实，针对母婴及儿童领域的可穿戴设备目前都是过渡性产品，不仅在产品设计上，而且在用户的认知和使用上也远未达到智能标准。未来可期待的产品是搭载人工智能技术的智能机器人，它将取代手机App成为控制中心，并通过自身联网来实现数据的实时对接与交换。对于母婴及儿童市场来说，这类智能机器人的预测和监护功能将对婴幼儿的生理、心理成长发育起到关键作用。

从智能硬件与其他领域的结合来看，其与健康医疗的结合更受期待。未来智能硬件可能成为移动医疗的主要入口，尤其在母婴市场，由于对婴幼儿的病情诊断难度较大，且没有长期积累的医疗数据，儿科医生对于婴幼儿病情的误诊率一直较高。如果通过智能硬件可以记录婴幼儿的身体数据并进行疾病的预警，同时通过健康医疗平台的云端诊断和医生交互来快速、准确诊断病情并给出相应的治疗方案，将有效缓解家长焦虑，优化医疗资源配置。比如，发烧总监这款智能体温计已经和国内的春雨医生以及国外的波士顿儿童医院进行了战略合作，家长通过发烧总监监控到孩子的病情后能得到专业的处理建议，这些捆绑在智能硬件背后的人性化服务和数据将是健康医疗为智能硬件带来的最大价值。

就目前来看，我国整个智能硬件市场以及物联网的发展仍处在初级阶段，想要达到与母婴市场的深度结合还需要时间。虽然像智能体温计、智能奶瓶等满足了用户某一刚需的产品可以吸引到一批消费者，但母婴用户群体使用周期短、对于安全性要求极高、品牌认知度高等特性仍待更好的解决方案。

第五章　中小学在线教育热点分析

中小学在线教育市场众人垂涎，但能啃动者却寥寥无几。从近几年的发展路径来看：一方面，在线教育产品试图通过互联网来改变和取代线下教育的部分环节，但受到高考强大的向心力影响，在线教育产品也不得不向体制内“看齐”，向“提分”的最终效果靠拢；另一方面，随着我国教育信息化产业发展机制的不断完善，将有一批企业参与到教育信息化建设中去，引导“产学研用”结合，推动校企之间、区域之间、企业之间的广泛合作。

值得注意的是，虽然互联网与传统行业的结合日益深入，但教育仍具有一定的特殊性。互联网可以制定新的游戏规则，但改变不了教育行业的内在属性。另外，新一轮的高考改革已经拉开序幕，这可能为中小学在线教育提供一些新的思路。

根据第一章中对 K12 各个阶段和学生年龄的定义，中小学阶段包括义务教育和高中教育两个阶段。中小学教育的主体在体制内学校，体制外培训市场由各个教育机构占领。随着在线教育的发展，中小学在线教育项目开始向体制内学校和体制外教育培训市场渗透。目前，中小学在线教育项目包括在线课程、在线试题、在线作业、在线家教和素质教育等多个方面。

从图 5-1 来看，2012 年—2017 年 6 月，中小学领域共有 367 起融资事件。其中，2013 年以前，中小学在线教育市场相对比较沉寂。2014 年和 2015 年，中小学领域的在线教育项目获得融资的比例快速攀升。从在线教育行业融资总量来看，2013 年，我国中小学在线教育融资数量有了小幅度的增长。随着政策利好、行业发展以及资本涌入，2014 年整个在线教育行业出现了融资数量的爆发式增长，这一轮“融资热”持续到 2015 年。虽然 2015 年下半年资本市场显现出降温的态势，但未来 5 年在线教育行业，尤其是中小学领域仍会有较快发展。

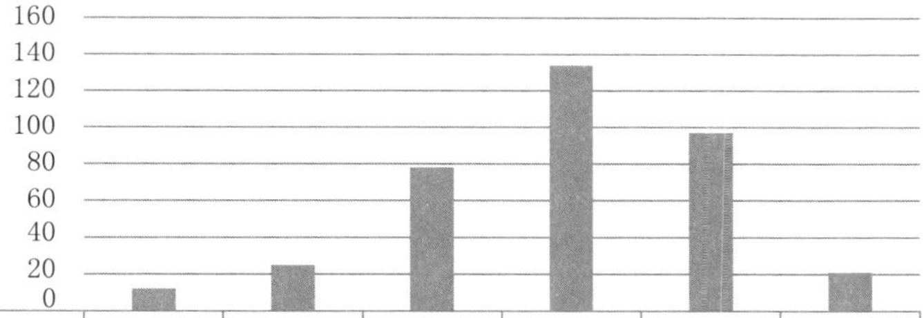

年份	2012年	2013年	2014年	2015年	2016年	2017年6月
数量	12	25	78	134	97	21

图 5-1　2012 年—2017 年 6 月中小学在线教育融资量

从图 5-2 来看，获得融资的中小学在线教育项目以内容和平台类为主，其中，内容包括在线课程、在线试题以及在线教育资源等，平台主要包括在线家教平台及教育信息化平台两大类。另外，针对中小学的素质教育项目，比如在线编程、机器人教育等占比达到 8%，超过了家校沟通和语言类项目。其他主要包含一些长尾需求的项目，比如家长圈子、志愿填报、仿真实验等。

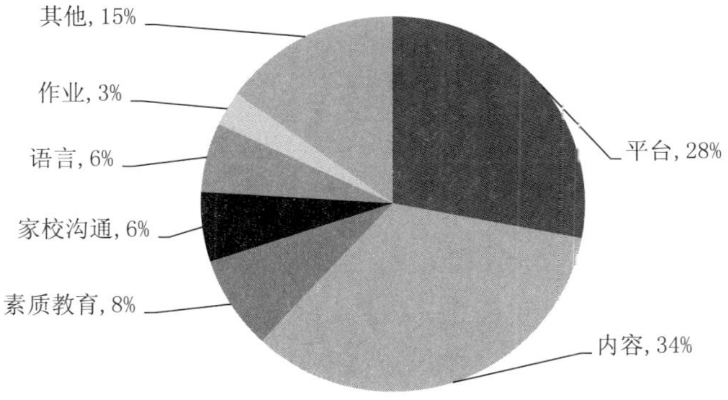

图 5-2　中小学在线教育融资项目分类

根据第二章中对《地平线报告》的解读，基础教育技术的重要进展将出现在创客空间、云计算、翻转课堂和移动学习等领域，混合式学习、STEM 和教育资源的开放将成为近两年的热门趋势。随着 2017 年我国新一轮高考改革实践落地，教育的各方参与者纷纷对教育需求、目标、手段等进行调整，这些新出现或新调整的需求和教育技术的结合将会促进在线教育项目的跳跃式发展。如今仍处在长尾需求中的项目可能会出现爆发式增长，如今被资本热逐的项目也可能会面临转型和失败。

从图 5-3 来看，目前，中小学在线教育项目仍以天使轮和 A 轮融资居多，进入到 B 轮和 C 轮融资的项目以在线试题和在线家教平台为主，这两类项目也分别引领了 2014 年和 2015 年中小学在线教育市场的融资热潮。

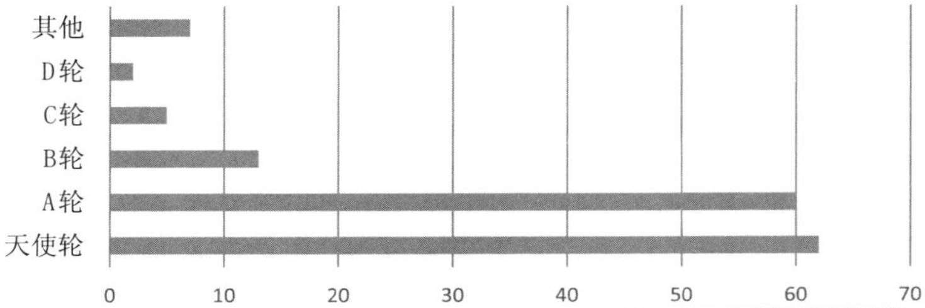

轮次	天使轮	A轮	B轮	C轮	D轮	其他
■数量	62	60	13	5	2	7

图 5-3 中小学在线教育项目融资轮次统计

从图 5-4 来看，目前，北京、上海和广州仍是获得中小学在线教育融资项目的集中地，这其中又以北京为主，有超过一半的项目在北京成立。因为这些项目大多是内容资源密集型，与我国教育资源的高度集中有着密不可分的关系。

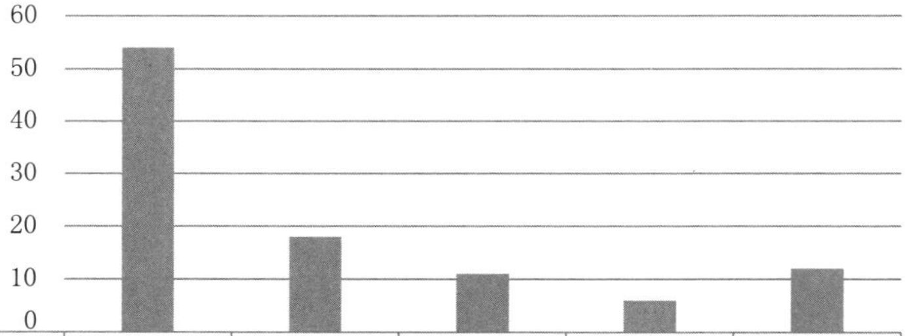

地点	北京	上海	广州	杭州	其他
■数量	54	18	11	6	12

图 5-4 中小学在线教育融资项目成立地点统计

值得一提的是，成立在上海的项目以在线家教平台为主，上海较高的教育质量和较强的用户付费能力有助于这类平台的发展。

除北上广外，杭州成为一颗新星，目前有 6 个融资项目在杭州成立。

第一节　中小学在线课程类

一、市场概述

从宏观网络环境看，近几年我国网络环境的优化、网民数量的快速增长对中小学在线课程的发展起着推动作用。

根据 CNNIC 发布的数据，截止到 2015 年 12 月，我国网民规模达到 6.88 亿，比 2008 年同期增长 3.9 亿（如图 5-5 所示）。从互联网普及率看，截止到 2015 年 12 月，我国互联网普及率达到 50.3%，而 2008 年同期这一数字为 22.6%（如图 5-6 所示）。随着用户规模的扩大和普及率的提升，网民年龄结构逐渐优化，这有助于互联网环境的健康发展。从图 5-7 来看，与 2008 年相比，2015 年我国各年龄段网民占比更为均衡，30—39 岁群体增长明显。

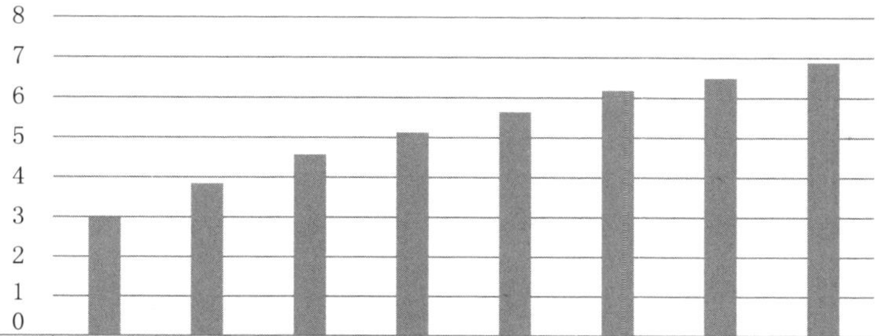

年份	2008 年	2009 年	2010 年	2011 年	2012 年	2013 年	2014 年	2015 年
■ 数量	2.98	3.84	4.57	5.13	5.64	6.18	6.49	6.88

图 5-5　2008—2015 年中国网民规模（亿）

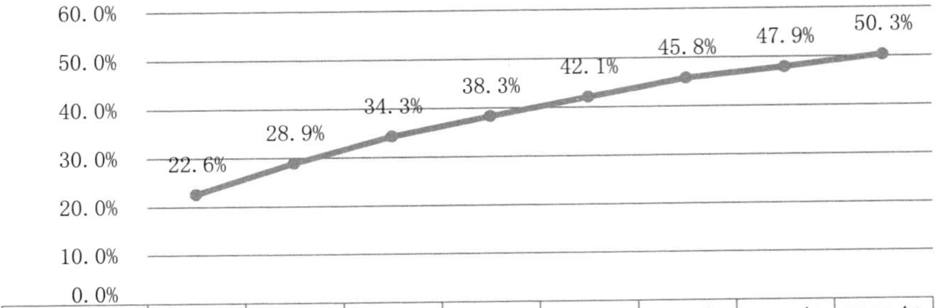

年份	2008 年	2009 年	2010 年	2011 年	2012 年	2013 年	2014 年	2015 年
普及率	22.6%	28.9%	34.3%	38.3%	42.1%	45.8%	47.9%	50.3%

图 5-6　2008—2015 年中国互联网普及率

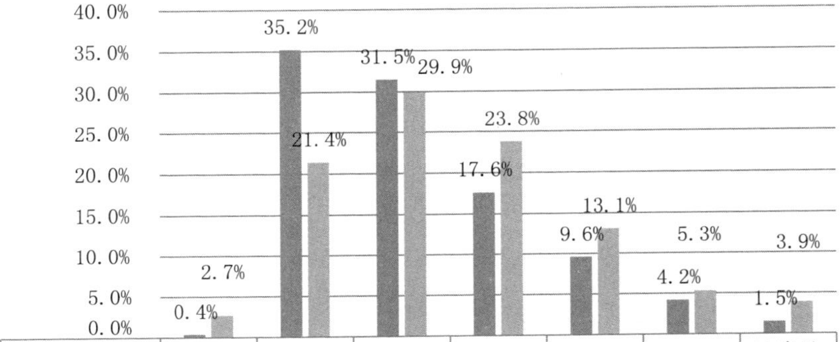

年龄	10岁以下	10—19岁	20—29岁	30—39岁	40—49岁	50—59岁	60岁及以上
2008 年占比	0.4%	35.2%	31.5%	17.6%	9.6%	4.2%	1.5%
2015 年占比	2.7%	21.4%	29.9%	23.8%	13.1%	5.3%	3.9%

图 5-7　2008 年与 2015 年中国各年龄段网民占比

2013 年 8 月，国家实施“宽带中国”战略，我国宽带网速有了明显提升。战略中提到，“到 2015 年，学校、图书馆、医院等公益机构基本实现宽带接入”。[①]根据教育部科技司 2015 年 12 月《教育信息化工作月报》，截至 2015 年年末，全国中小学（除教学点外）中，87.1%的学校实现网络接入，其中实现 10M 以上宽带接入的学校占 52.4%。另外，2015 年国务院印发了《关于加快高速宽带网络建

① 宗河.“宽带中国”战略：到 2015 年学校实现宽带接入[N]. 中国教育报，2013-08-19.

设推进网络提速降费的指导意见》，督促电信企业出台和发布提速降费具体措施。

根据 CNNIC 公布的统计数据，截止到 2015 年 12 月，我国网络视频用户规模达到 5.04 亿，与 2008 年同期相比，增加 3.02 亿（如图 5-8 所示）。网络视频用户使用率达到 73.2％，比 2008 年增长 5.5％（如图 5-9 所示）。我国网络视频用户规模和使用率的提升得益于近年来该领域多元化的商业模式以及日益健康的生态环境。另外，公开数据显示，2014—2015 年，中国网民的在线教育使用率已达到 16％，用户规模在 1 亿人左右；网民通过手机学习在线教育课程的比率为 8.6％，用户规模在 5 000 万左右。

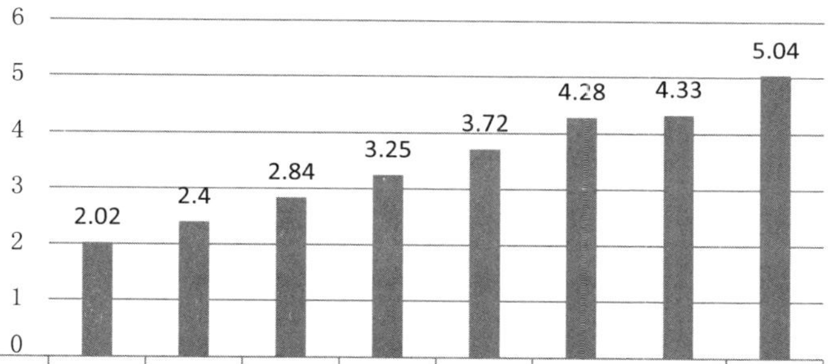

年份	2008年	2009年	2010年	2011年	2012年	2013年	2014年	2015年
■规模	2.02	2.4	2.84	3.25	3.72	4.28	4.33	5.04

图 5-8　2008—2015 年中国网络视频用户规模(亿)

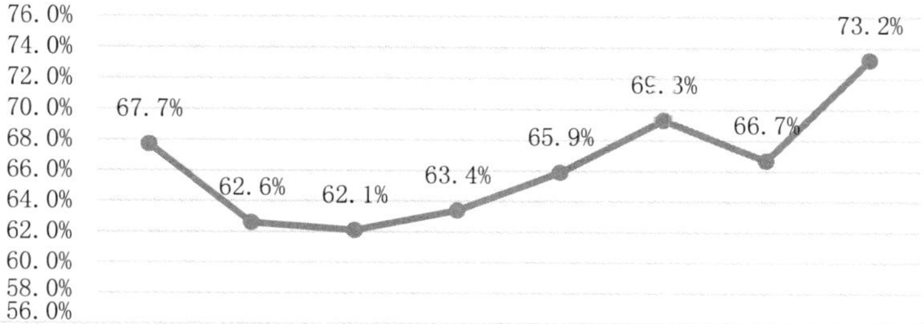

年份	2008年	2009年	2010年	2011年	2012年	2013年	2014年	2015年
—●—使用率	67.7%	62.6%	62.1%	63.4%	65.9%	69.3%	66.7%	73.2%

图 5-9　2008—2015 年中国网络视频用户使用率

从中小学网校到如今的在线课程，互联网企业的进入加速了在线课程的发展，并为其提供了全新的发展思路。就目前来看，在线课程的提供方大致可以分为中小学网校、培训机构、互联网公司三类。

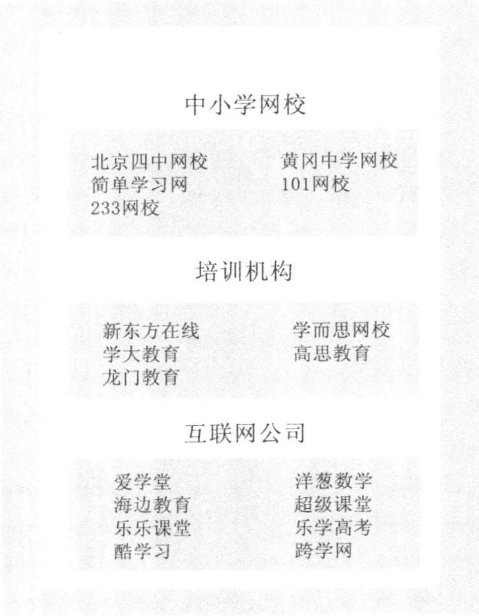

图 5-10　中小学在线课程提供方

第一类是中小学网校，包括北京四中网校、黄冈中学网校、233 网校等。1996 年，中国第一家中小学网校 101 网校成立，随后黄冈中学网校、北京四中网校等以名校挂名的中小学网校如雨后春笋般涌现。2003 年“非典”时期，各地教委以开设“课堂在线”网络学习方式为开端，以电视教学、广播教学、网络教学的全面启动为标志，为各市中小学生开办“空中课堂”。在互联网发展初期，特殊环境的刺激催生了中小学网校的一度繁荣，并输出了大量名校名师的视频课程，但这一模式只触及了用户的表层需求，且当时的网络、硬件和用户环境在很大程度上限制了其发展。

第二类是线下培训机构的线上转型，包括新东方在线、学而思网校、巨人网校等。受制于线下成本的不断增高，培训机构依托其强大的教研团队也开始制作线上视频课程，新东方、好未来、学大、高思等机构均有网络课程。但由于存在“左右手互搏”的尴尬关系，因此线上课程在各家培训机构的收入占比很小。不过，随着O2O业务的发展，未来培训机构有望通过线下课程带动线上课程的发展。

第三类是由互联网公司开发的在线课程网站或产品，包括海边教育、乐乐课堂、洋葱数学等。这类借由在线教育风潮发展起来的在线课程网站或产品具有以下三点特征。

第一，原有技术的更新升级及新技术的介入。

一方面，随着4K时代的到来，视频质量有了明显的提升，高清大屏录播课程逐渐成为主流，这为用户提供了更好的视觉体验。另外，具有更强交互性的“一对一”“一对多”直播课程兴起，但从近两年的发展来看，中小学领域的在线课程仍以录播为主，直播课程仍未成为主流。另一方面，H5技术使得使用移动设备观看在线课程更为便捷，这也更符合中小学生群体的互联网使用习惯。

第二，课程形式及配套服务的多样化。

在课程形式上，如今的在线课程除了教师真人讲解外，还增加了动画、白板等元素，并用短视频将知识点进行了切分和细化。另外，在课中和课后，在线课程还为用户提供配套的试题、答疑、真人辅导等增值服务，提升用户的学习效果。

第三，商业模式更为多元化。

互联网的发展使得免费成为一种常态的经济形式，在线课程提供商通过提供免费的课程可以聚集更多的人气和流量，并通过第三方平台来实现流量变现，比如流媒体平台的广告服务、电信运营商的内容分成等。同时，在线课程也可以通过增值服务来获取收益，比如在免费课程的基础上增加付费的真人辅导、直播课程等，或与出版社合作进行数字出版。在线课程还可以通过售卖内容来获取收益，售卖对象既可以是个人，也可以是学校、政府、机构、硬件厂商等。

二、融资情况

从融资情况看，2011—2015年共有10个在线课程产品拿到融资，时间集中在2014年和2015年的上半年(如表5-1所示)。由于在线课程产品前期投入较大，且研发制作周期较长，因此此类项目相对较为“烧钱”。另外，与内容类的题库产品相比，在线课程的模式更复杂；与在线家教平台相比，在线课程的回款周期更长。所以资本和创业者均将目光更多地投向在线试题和在线家教平台这两个领域。

从产品定位看，获得融资的在线课程产品都具有明显的特征，比如超级课堂和乐学高考的课程具有电影大片式的风格，后期制作加入了很多酷炫的元素；洋葱数学和乐乐课堂主要针对数学科目，主打动画式课程。这些特征使得在线课程脱离了传统的知识讲授模式，给用户耳目一新的体验，但同时也存在着教学流程、知识点讲解等方面的教学漏洞。

从轮次和投资机构看，在线课程产品以天使轮和 A 轮为主。另外，与其他投资机构相比，晨兴创投比较关注在线课程产品，共投资了洋葱数学、乐乐课堂和学吧教育三个项目。

从产品成立时间和地点看，2014 年成立的在线课程产品占据了一半的份额。由此也可以看出，中小学领域的在线教育与高等教育领域的在线教育发展路径不同，中小学领域的在线教育并不是从课程开始的，而是从在线试题开始的。从成立地点来看，由于国内教育资源的高度集中，北京无疑是此类产品的最佳选择。

表 5-1 中小学在线课程产品融资情况

时间	名称	金额	轮次	投资机构	成立时间	成立地点
2011.11	超级课堂	数十万美元	天使轮	中国加速	2010 年	杭州
2011.12	天天上课	数百万美元	A 轮	IDG	2011 年	北京
2013.06	看山科技	数百万人民币	天使轮	英诺天使基金、厚德创新谷等	2012 年	北京
2013.06	鹦鹉螺云教室	数百万人民币	A 轮	华欧创投基金	2010 年	北京
2014.07	鹦鹉螺云教室	数千万人民币	B 轮	北京厚持投资	2010 年	北京
2014.01	青果学院	2 000 万人民币	天使轮	——	2013 年	北京
2014.06	那好网(已关闭)	数百万人民币	天使轮	真格基金	2014 年	北京
2014.06	洋葱数学	未透露	A 轮	晨兴创投	2013 年	北京
2014.07	学吧教育	数百万人民币	天使轮	联想之星	2014 年	北京

续表

时间	名称	金额	轮次	投资机构	成立时间	成立地点
2015.04	乐学高考	400 万美元	天使轮	基因资本	2014 年	北京
2015.06	乐乐课堂	500 万美元	A 轮	晨兴创投	2014 年	北京
2015.08	学吧教育	数千万人民币	A 轮	晨兴创投	2014 年	北京
2015.09	乐乐课堂	2 000 万美元	B 轮	光速创投、晨兴创投、新浪等	2014 年	北京

除获得融资的在线课程产品外，还有一些在线课程产品是母公司在线业务的一部分。比如北教传媒旗下的跨学网，提供随书资源下载；拓维信息旗下的高能 100，主打奥数录播、直播课程；好未来旗下的海边，主打直播课程，等等。

三、发展方向

从应用场景来看，在线课程产品完全进入课堂仍需要时间，这点可以从以下两个方面来说明：第一，从第三章“初高中教师在线教育产品使用行为”的调研中我们得知，教师使用在线教育产品最少的场景就是课堂，且现阶段教师对资源类的在线教育产品更加青睐，如 PPT 课件类、在线试题类、在线教案类等，相比之下，教师对音视频类、作业类产品的青睐度不高，教务管理类、家校沟通类产品更是受到冷落。由此也可以看出，现阶段教师群体对于在线教育的接受和理解仍在浅层次上，如何使在线课程产品有效地融合进课堂教学是产品本身和教师都面临的问题。第二，从教师心理出发，在线课程在课堂上的使用会在一定程度上弱化教师的角色和中心地位。因此，现阶段的在线课程产品定位要明确：场景主要是在课堂外，针对群体主要是学生。直接面向教师群体或希望进入教师教学过程的在线课程产品需要重新斟酌教师群体的需求，而非简单地开发一套内容供两个群体使用。

从近期看，虽然各个在线课程产品都在寻求通过多个教育环节结合的方式来吸引用户，提升教学效果，但中小学网校早已走过这样的发展路径，两者没有本质的区别。从长远看，随着我国教育体制的不断改革，学生在学校的学习将不再是“齐头并进”式，而是根据学生不同的学习节奏进行分层次的教学。在这一过程中，学生的自主学习性将会得到更大的释放。此时，针对不同学科、不同层次学生的在线课程可能会成为日常学习不可分割的一部分，而非体制内教育的单纯补充。

现阶段，在线课程与其他学习环节的叠加仍然是机械的、静态的，而互联网的作用应该在于将这一过程智能化、自动化和动态化。因此，在技术不断发展的当下，融合在线课程、试题、作业、测评等环节的自适应学习或任务式学习值得我们继续探索。

（一）课程＋试题

试题是目前多数在线课程产品的标配，通过做题来检验学习效果也是最为直接的方式。试题主要穿插在课程中或在课前、课后的配套试题下载中，前者如乐乐课堂，后者如微课网。另外，还有产品以在线试题为主体，为试题配套相关的课程讲解，即视频解析，如学习宝。

（二）课程＋答疑

在线课程与答疑的结合方式有两种：第一种是将答疑作为课程之外的增值服务，如简单学习网；另一种是在答疑类产品中加入课程视频，类似在线试题的视频解析，如作业帮。

（三）课程＋作业

在线课程与在线作业的结合还较少。考虑到在线作业产品涉及老师、学生和家长三方，并遵循老师主导、学生完成和家长监督的流程，因此在线课程的加入会与教师的主导地位产生冲突。目前，一起作业网以开放平台的方式引入了第三方内容，但仍以素质教育内容为主。

（四）课程＋硬件

硬件可以看作是内容触达用户的媒介，内容与硬件相互支持，但价值主要体现在硬件本身所开创的全新教育行为和教育理念上，并不在具体的内容上。

内容为王的说法是有限制条件的，这也是电子书包目前难以实现理想中教育效果的原因之一：如果忽视硬件本身的价值而仅仅将其当作内容的新载体，那么它与传统的教科书在本质上没有任何差异。在线课程与硬件结合的案例很多，比如诺亚舟、101 同学派等，但也面临着上述问题。

（五）课程＋服务

服务主要指真人教师的个性化服务，比如一对一辅导、答疑、SPOC（Small Private Online Course，小规模限制性在线课程）等，这种服务既可以在线上，也可以在线下。比如爱学堂的线下学习中心。除此之外，服务也可能是为用户自发或受引导产生的学习小组、兴趣小组提供学习、讨论、活动等支持。

二、典型案例：爱学堂

爱学堂创立于 2014 年 5 月，是清华大学发起的中文慕课平台学堂在线的基础教育频道，因此它的发展兼具行政支持和市场手段。

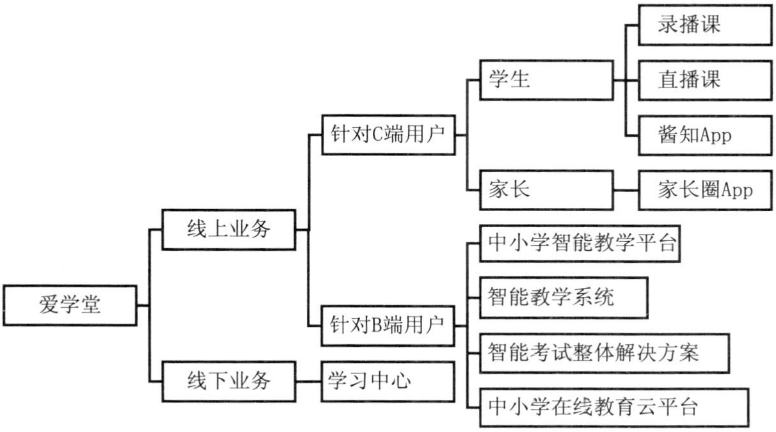

图 5-11　爱学堂功能图

(一)针对 C 端用户

爱学堂的 C 端用户主要为初高中学生,其课程从初中做起,在覆盖初中 3 000余个知识点后,开始逐步完善高中课程和小学六年级课程。

初中课程涉及语数外和物理、化学五科,主要为学期同步课程,涵盖十几个教材版本,价格在几百元不等。根据媒体信息,每一节课程由 5—6 名老师负责,包括知识点的解构、脚本的撰写、互联网语言和动漫元素的叠加等。每集视频的制作大概需要 7 天,视频长度在 3—10 分钟之间,成本大约为 3—5 万。高中课程针对全部科目,视频由动漫变为各地名校名师的录播课,非毕业年级为全年班,毕业年级为备考课,备考课为各地模拟卷的讲解。

除了课程外,爱学堂还推出了一款主打中学生知识分享的 App——酱知。根据运营人员透露的数据,截至 2015 年年底,酱知的用户数量大约有 20 万。针对家长,爱学堂推出了一款 App——家长圈,功能类似好未来的家长帮,目前侧重教育相关信息和话题的讨论,还未和学生账号进行绑定和联通。

另外,爱学堂在其"未来学校"计划中提到了大学先修课,但暂不确定这类课程是否会与学堂在线平台中的课程相对接。

(二)针对 B 端用户

爱学堂明确定位于体制内教育,而非体制外的培训市场。爱学堂 B 端的服务依托"未来学校"计划和最近上线的爱学云在线教育平台,目前提供以下三个方面的服务。

1. 学习

爱学堂的优势是内容,其视频课程可用于大学先修课和翻转课堂。同时,爱学堂整合了测评、学习反馈、课堂跟踪、行为分析等功能,推出了中小学智能学习平台。智能学习平台为 PAD 端,学生每月交 10 元可注册成为小额付费用户,也可再交小额费用(一节课 10 元)享受线上精品课与直播课程等增值服务内容。

2. 教学

爱学堂的智能教学系统主要提供类似翻转课堂的在线课程预习、学情分析、作业批改和辅导等减轻教师负担的功能。智能教学系统和快乐学的产品构架类似，但这类系统目前还处在功能迭代和教师群体观望的状态中。

图 5-12　爱学堂智能教学系统

3. 考试

爱学堂提出了智能考试整体解决方案，通过对学生考试进行大数据分析，查看学生知识点掌握程度，而非用单一分数来衡量学习效果。另外，家长圈 App 未来也许可以承担家校互通工具的角色。

4. 线下服务

爱学堂目前在北京、广州、深圳有 8 个线下店面。线下店面采取“小组讨论＋翻转课堂＋1 对 1 答疑”的形式，目前仅限于数学和英语科目。线下店面同时可容纳 60 人左右，每学期每人4 800元，线上会员可以申请线下 1 个月免费试听课程。

爱学堂线下店面的老师主要是大学生，由于教学内容来自线上内容团队，线下教师的主要工作是课程规划、引导学习、通过 PAD 端智能学习系统监控学生学习情况并进行线上和线下的 1 对 1 答疑。学生进入线下店面后将经历入学检测、课程规划、在线学习、课后练习、教师辅导、考试的全过程。简单来说，线上课程负责导流和提供标准化内容，线下店面提供学习环境和教师辅导。

2015 年，爱学堂和鹏博士开展深度合作，具体包括三个方面：一是向 450 万大麦机顶盒、大麦电视用户发行爱学堂课程；二是在鹏博士2 000多家营业厅周边建设托管中心，引入爱学堂课程；三是共同打造“班班通云课堂”项目。同样，拿到 B 轮融资的中小学作业平台学乐中国也有相似的拓展模式，它与各地区的线下儿童托管中心合作，改造出一部分用于展示自己的产品，促进产品销售。

洋葱数学是一款针对数学科目的在线课程产品，它与爱学堂均选择了通过动画课程来帮助学生学习，以下为爱学堂和洋葱数学的情况对比。

表 5-2 爱学堂与洋葱数学情况对比

	爱学堂	洋葱数学
时间	2014 年 3 月成立，12 月上线	2013 年 12 月成立，2014 年 10 月上线
定位	K12 领域的慕课智能学习平台，B2B+B2C	初中生在线数学学习平台，以 B2C 为主
	针对初高中生以及小学高年级，涵盖初中语数外和物理、化学，高中全科	针对初中生，仅有数学科目
创始人	汪建宏，前黄冈中学网校校长，2014 年下旬加入爱学堂	杨临风，阳光书屋乡村信息化教育行动联合创始人及执行总监
融资情况	已完成 B 轮融资	已完成 A 轮融资
内容	学生：提供初中动画录直播课、高中名师录直播课以及 PAD 端的学生智能学习系统 录播课有两类：动画知识点讲解短视频、动画例题讲解短视频 学生智能学习系统 PAD 端提供预习、检测、试题、阶段考试等功能	学生：动画录播课 课程有三类：动画知识点讲解短视频、真人教师试题讲解视频、真人教师白板试题讲解 在视频中间会穿插试题，每个小视频结束后提供若干道在线试题
	教师：提供智能教学系统，具有备课、翻转课堂教学、数据分析等功能	教师：网站有班级入口，老师可给学生发送班级码，并可看到平台提供的班级学习情况统计
	家长：家长圈 App	家长：暂无

续表

	爱学堂	洋葱数学
模式	线上设立内容的高门槛，并根据不同群体设立多种变现模式。线下依托线上的内容和品牌优势提供高客单价的类 VIP 服务，二者互为依托，问题在于前期成本高，线上和线下是否能够有效整合还有待检验	通过设立内容的高门槛以及免费的互联网模式先圈用户再变现 但视频制作成本高、周期长，因此内容更新缓慢、资金需求量大，后续变现困难
盈利点	线上课程直接收费 线下学习中心收费 学生 PAD 端智能学习系统使用收费 与鹏博士合作的内容有分成	与洋葱数学合作的 100 所公立学校如何设立付费模式暂未公布
说明：提供单一功能的在线教育产品面临转型，这种转型包括产品功能和变现渠道两方面。在这方面，爱学堂的步伐快于洋葱数学。洋葱数学目前面向 C 端和 G 端的模式都未明朗，单纯以内容合作获取分成很难盈利。如果变现模式和方向不明朗，在线课程产品可能面临“成也内容、败也内容”的局面。 二者在内容制作上力求贴近 90 后、00 后用户风格，但学习与娱乐不同，教育考查的是综合能力而非孤立的知识点。因此，这些视频目前仍然只是学生课前预习、课后巩固、教师翻转课堂的素材，并非必需品。未来，在线课程产品还需要进一步的整合和深化。		

三、小结

中小学在线教育领域的内容型产品面临的最大问题是如何通过价值交换来获取收益。这里面有三个问题：一是内容型产品在中小学在线教育领域还未找到准确的自身定位，价值还未得到全部发挥。二是由于目前上下游产业链还未打通，因此内容型产品前期各项成本较高，而自身所承载的价值较低。未来随着技术的发展以及中小学领域的教育改革，内容型产品将逐渐找到自身定位并实现价值提升。三是教育的特殊性决定了其产业化运作的程度较低，因此留给市场的变现渠道相对狭窄。另外，体制内学校的购买力也受到国家经济发展水平以及对教育领域的经费支持影响。

互联网的发展减少了人与人之间沟通、协作的成本。不管是线上还是线下，在线课程产品替代的主要是标准化教学内容，非标准化教学内容仍需要由课堂上的教师或在线教师来完成。未来，在线课程产品可以向“标准化课程—个性化服务”的模式去探索。

第二节 中小学在线题库热点分析

一、市场概述

（一）青少年上网行为分析

中小学在线题库的兴起与近几年我国互联网，尤其是移动互联网的快速发展密不可分。

根据 CNNIC 发布的《2014 年中国青少年上网行为研究报告》，截至 2014 年 12 月，中国青少年（6—24 岁）网民规模达到 2.77 亿，占中国青少年人口总体的 79.6%（如图 5-13 所示）。2014 年，全国互联网普及率为 47.9%，而青少年互联网普及率为 79.6%，超过全国 31.7 个百分点（如图 5-14 所示）。可以看出，青少年是使用互联网的主力军，这是受到上网设备更加易得、网络资费不断下降以及 3G/4G 和 Wi-Fi 的不断普及等多方面因素的影响。[①]

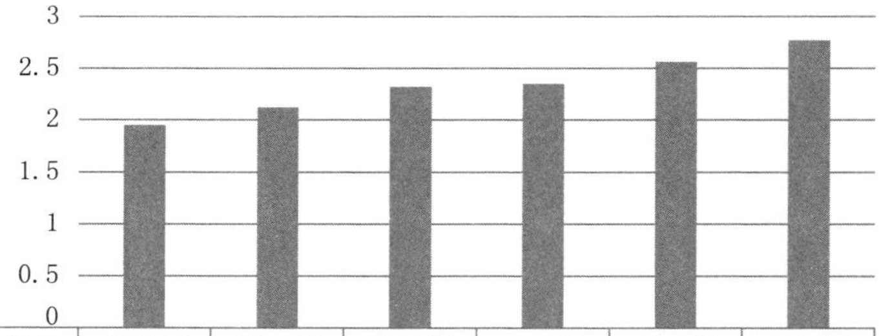

年份	2009年	2010年	2011年	2012年	2013年	2014年
■规模	1.95	2.12	2.32	2.35	2.56	2.77

图 5-13 2009—2014 年我国青少年网民规模（亿）

从上网时长看，中小学生周上网时长在不断增加（如图 5-15 所示）。2014 年，小学生网民周上网时长为 14.4 小时，平均每天约 2 小时；中学生网民周上

① 中国互联网网络信息中心. 2014 年中国青少年上网行为研究报告[R/OL]. (2015-06-03)[2017-06-09]. http://www.cnnic.net.cn/hlwfzyj/hlwxzbg/qsnbg/201506/t20150603_52248.htm.

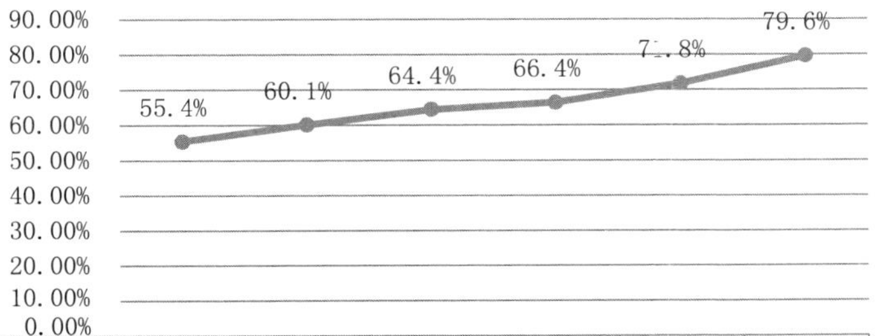

年份	2009年	2010年	2011年	2012年	2013年	2014年
普及率	55.4%	60.1%	64.4%	66.4%	71.8%	79.6%

图 5-14　2009—2014 年我国青少年互联网普及率

网时长为 23.7 小时，平均每天约 3.4 小时。与 2010 年相比，小学生周上网时长增加了 153%，中学生增加了 149%。虽然我国基础教育阶段学生学业负担较重，但中小学生在周上网时长上呈现不断增长的趋势，且这一趋势在 2013 年和 2014 年有了明显的加速，这对中小学阶段的在线教育产品来说是重大利好消息。

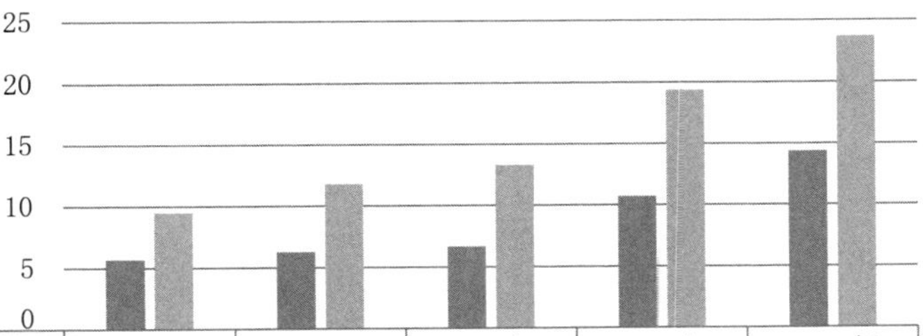

年份	2010年	2011年	2012年	2013年	2014年
小学生	5.7	6.3	6.7	10.7	14.4
中学生	9.5	11.8	13.3	19.4	23.7

图 5-15　2010—2014 年中小学生周上网时长（小时）

从网络环境来看，3G/4G 的提速降价以及 Wi-Fi 的普及为中小学生使用在线教育产品提供了技术保障。在校园内，随着我国“三通两平台”建设的不断推进，中小学校园接入宽带的比例将不断提升。截至 2015 年年末，全国中小学除教学点外，87.1%的学校实现了网络接入。

在公共场所，随着“智慧城市”“无线城市”建设的大力开展，政府与企业合作推进城市公共场所、公共交通工具的无线网络部署，公共区域无线网络日益普及；手机、平板电脑、智能电视等无线终端促进了家庭无线网络的使用，Wi-Fi 无线网络成为网民在固定场所下的首选接入方式。

（二）在线题库产品分类与特点

与在线课程一样，针对中小学群体的在线题库产品也早已有之，比如电脑端的各类资源网站以及手机端的 591UP、葵花宝典等。从功能上看，目前的在线题库产品在题库的基础上又延伸出了拍照解题功能，并与 1 对 1 辅导、学习资料、作文库等进行了整合。总体来看，在线题库产品根据主要功能的不同，可分为题库类、拍照解题类和“题库＋拍照解题＋真人辅导”类（如图 5-16 所示）。

图 5-16　在线题库产品分类

做题是在线题库的基础功能，也是其最初呈现给用户的方式。目前的题库类产品主要针对初高中群体，以知识点为主线为用户提供包括同步练习、备考、PK三种模式。由于自适应技术的加入，在线题库的价值主要在于通过用户的行为来生成个性化的练习报告，并为其后续的练习提供指导。因此，在线做题与线下做题最大的区别是在线做题能更有针对性和更科学地进行查漏补缺，而非为用户提供海量的试题资源。也正由于此，在线题库开始引入拍照解题功能。

拍照解题其实并没有进一步深化题库的发展路径，而是发现并填补了用户的另一个刚需——对于答案的寻求。拍照解题产品的火热也反映出我国初高中教育的现状：由于应试教育仍占主流，学生的学习依然以标准答案为追逐目标，标准化的回答使得拍照解题产品有了生存的土壤。因此，在OCR（Optical Character Recogrition 光学字符识别）技术、深度学习等技术的辅助下，用户可以通过上传图片来获取标准答案，而对于少量非标准化的答案则依靠UGC（User-generated Content，用户生产内容）或PGC（Professionally-generated Content，专业生产内容）来解决。由于拍照解题功能与人的惰性相吻合，一些产品开始尝试深挖这一功能并尝试变现。

从免费的题库，到基本免费的拍照解题产品，最终赖以变现的部分仍是人的服务。不论是包含真题、拍照解题、真人辅导功能的“三合一”产品阿凡题、口袋老师、学霸君，还是从猿题库、小猿搜题到猿辅导一路走来的“猿系列”产品，在变现的路径上基本是一致的。从这样的发展路径中我们也可以看出，在在线教育领域，尤其是中小学在线教育领域很难依靠单点突破的打法来获取最终的胜利，不管处在教育的哪一个环节，都需要进行上下游的打通。

与传统意义上的题库相比，这些在线题库产品有如下几点特征。

第一，拍照解题成为题库发展的新方向，并在此基础上向真人辅导、视频解析等方向不断延伸。

第二，与移动互联网紧密结合，价值不仅在于内容本身，更在于与用户的动态匹配。这里的匹配包括两个方面：第一个方面是对用户数据和行为的挖掘，从而为用户提供动态的数据分析报告；第二个方面是针对用户的属性，包括教材版本、所在地区、考纲变化等为其匹配合适的题库。

第三，内容免费取代付费模式，通过聚集超大流量来实现变现。

第四，参与者众多，跨界成为主流。

在参与者方面，除了教育产品的自身业务延伸外，互联网巨头也瞄准了这一领域。其中，百度借助其流量优势在这方面布局较深，相继推出了作业帮和百度高考两款产品。另外，整个教育产业链中的出版社、硬件提供商、渠道运营商等也在试图进入在线题库产品领域，比如读书郎与黄冈网校合作的作业拍、万利达推出的作业狗等产品（如表5-3所示）。

表5-3 在线题库产品参与者

参与者	产品名称	产品介绍
互联网巨头	百度高考	百度教育推出的产品，与状元笔记进行了整合，并推出与App联动的纸质教辅书
	作业帮	百度知道推出的产品，现已独立运营并获得A轮融资
	优答	新东方与腾讯合作的产品
跨界企业	菁优高考	拓维信息与菁优网合作的产品，除此之外还有菁优中考、菁优数学、作业通等
	作业拍	读书郎与黄冈网校合作的产品
	全品问吧	全品文教推出的产品
	作业狗	万利达推出的产品，与工程师爸爸有合作
延伸产品	天天练	乐乐课堂推出的产品
	口袋学社	一起作业网推出的产品
	问他作业	广州百田旗下教育类产品，母公司已上市
	作业神器	魔方格推出的拍搜产品
	小猿搜题	猿题库推出的拍搜产品

由于在线题库产品具有强劲的“吸流”效果，在资本的热捧下，2014年在线题库产品遍地开花，同时也吸引了众多“跨界选手”加入。但由于各家立足点不同，因此在在线题库产品的定位及其后续发展思路上有所差异。

对于专注于在线题库产品的互联网公司来说，在线题库在获得庞大的用户流量之后可以从功能、服务等角度进行小范围的盈利探索，在在线题库这一基础之上，通过转化20%的付费用户来支撑80%的用户使用，同时这80%的用户也免费提供了其数据和行为。这种 20/80 的发展模式在互联网各个领域中都可以见到，但目前在线题库产品的问题在于通过何种功能或服务来吸引这 20%的用户。不管是 1 对 1 辅导，还是视频解析、资料售卖，从目前来看，这些功能或服务对这关键的 20%用户吸引力仍然不足。

对于跨界进入在线题库产品领域的企业来说，市场跟风、吸引流量和业务布局是主要原因。由于市场中对于免费模式的接受，在线题库产品很难再通过内容本身收费，而需要在庞大的用户流量中去挖掘和析出用户价值。但这一点可能不是“跨界选手”的专长，因为免费的质量与用户流量和质量呈正比关系，如果免费本身没有做到极致，那么它带来的流量及价值也不会太好，这样免费的价值就被削弱，后续的业务也就难以对接了。“跨界选手”主要面临的就是这个问题，为了更快的收费而免费，为了布局而布局，却忽视了自身的基因和不同业务模式之间对接的难度。

二、融资情况

在线题库是在线教育领域最早火起来的产品形态之一。2012—2015 年共有 20 个产品获得融资，涉及的融资项目共 32 起(如图 5-17 所示)。

从时间来看，2014 年是在线题库产品，尤其是拍照解题类产品受资本热捧的一年，这一年的融资事件共有 16 起，2015 年为 10 起，2012—2013 年为 6 起。

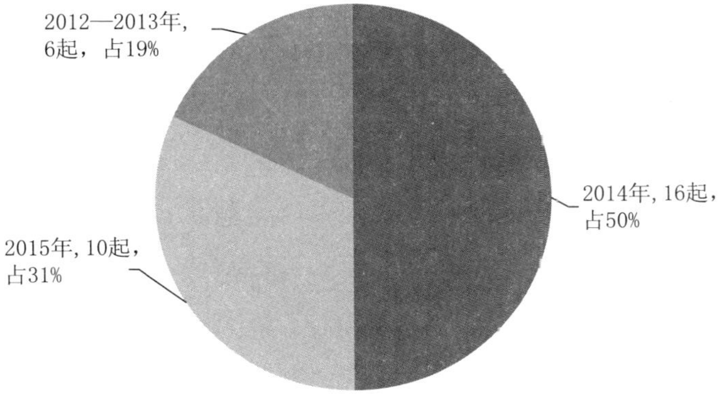

图 5-17　2012—2015 年在线题库产品融资占比

从整个 K12 在线教育发展来看，2014 年也是其爆发的一个高峰期，这一年共有 60 起融资事件发生。

从轮次来看，在线题库产品以天使轮和 A 轮融资为主，二者共 25 起，B 轮融资为 4 起，除已经进入到 C 轮和 D 轮融资的猿题库外，其余 3 起为学霸君、学习宝和阿凡题。从融资金额来看，在线题库产品获得的融资金额较高，有多个产品获得了数千万美元的融资。但在线题库为了获取流量而进行的营销推广也颇为烧钱，每日投放在新媒体上的推广费用可达几十万。另外，2015 年这些产品也开始在电视媒体、地铁、楼宇等位置进行多元化的广告投放，对外的推广费用以及对内的技术开发费用使得在线题库产品的前期成本颇高。

从成立时间和地点来看，获得融资的在线题库产品有 31 个成立于 2014 年之前(包括 2014 年)，2015 年仅有 1 个。出现此情况的原因：一方面，在线题库产品在经历两年的发展之后遇到了变现瓶颈，资本开始将目光转移到在线家教、素质教育等领域；另一方面，随着技术门槛的降低，2015 年有一批“跨界选手”进入在线题库产品领域，这些“跨界选手”自有资金的支持。从地点来看，成立于北京的在线题库产品共 20 个，占具绝对的优势。

表 5-4　中小在线题库类产品融资情况

时间	名称	金额	轮次	投资机构	成立时间	成立地点
2012.8	猿题库	1 000 万人民币	A 轮	IDG	2013 年	北京
2013.8	猿题库	700 万美元	B 轮	经纬中国、IDG	2013 年	北京
2014.7	猿题库	1 500 万美元	C 轮	IDG、经纬中国	2013 年	北京
2015.3	猿题库	6 000 万美元	D 轮	IDG、经纬中国、新天域资本等	2012 年	北京
2013.1	求解答	数百万人民币	天使轮	创业基金、戈壁投资	2011 年	上海
2014.1	求解答	数千万人民币	A 轮	上海永宣连创	2011 年	上海
2013.5	快乐学	数百万人民币	天使轮	Crystal Stream、清流资本	2013 年	北京
2014.3	快乐学	500 万美元	A 轮	经纬中国、清流资本	2013 年	北京

续表

时间	名称	金额	轮次	投资机构	成立时间	成立地点
2013.8	学霸君	数百万人民币	天使轮	创新工场	2013年	上海
2014.3	学霸君	500万美元	A轮	祥峰投资	2013年	上海
2015.6	学霸君	5 000万美元	B轮	挚信资本、启明创投、祥峰投资等	2013年	上海
2013.11	提分网	数百万人民币	天使轮	梅花天使创投	2013年	北京
2014.1	优问答（已关闭）	数百万人民币	天使轮	IDG	2014年	深圳
2014.1	作业宝	数百万人民币	天使轮	青山资本、华璟海纳资本	2013年	北京
2014.7	作业宝	——	收购	一起作业网	2013年	北京
2014.4	魔方格	数百万美元	A轮	复星昆仲资本	2013年	北京
2014.5	爱考拉	1 000万人民币	A轮	IDG	2012年	北京
2014.6	学习宝	300万美元	A轮	金沙江创投	2014年	北京
2014.10	学习宝	2 000万美元	B轮	软银	2014年	北京
2014.6	闻题鸟	数百万人民币	天使轮	新进创投	2014年	北京
2014.6	阿凡题	1 000万人民币	天使轮	梅花天使创投	2013年	北京
2014.12	阿凡题	1 800万美元	A轮	梅花天使创投、安芙兰创投	2013年	北京
2015.12	阿凡题	6 000万美元	B轮	深创投、朗玛峰创投、凤凰祥瑞	2013年	北京
2014.7	优答	3 000万人民币	A轮	腾讯、新东方	2014年	北京
2014.8	辅导圈	数百万人民币	天使轮	信天创投	2014年	深圳
2015.10	辅导圈	数千万元人民币	A轮	磐石资本、拓维资本	2014年	广东
2015.1	易题库	数千万人民币	A轮	腾讯	2013年	北京
2015.2	答疑君	数千万人民币	Pre-A轮	华旦天使投资	2013年	杭州
2015.7	CallCall教师	1 000万人民币	天使轮	——	2015年	四川
2015.9	作业帮	——	A轮	红杉资本、君联资本	2014年	北京
2015.9	提分宝	数百万人民币	Pre-A轮	——	2014年	广州
2015.9	呼叫老师	1 000万人民币	天使融资	中科乐创	2014年	广东

三、发展方向

在中小学教育阶段，试题作为基础资源可以和多个环节对接。对于在线教育来说，试题还肩负着吸引用户流量、提供用户行为数据以及监测学习效果的三重任务。因此，试题作为基础资源不仅可以和多个环节对接，更是这些环节必不可少的内容之一。中小学在线题库产品的发展方向主要有以下几种（如图5-18 所示）。

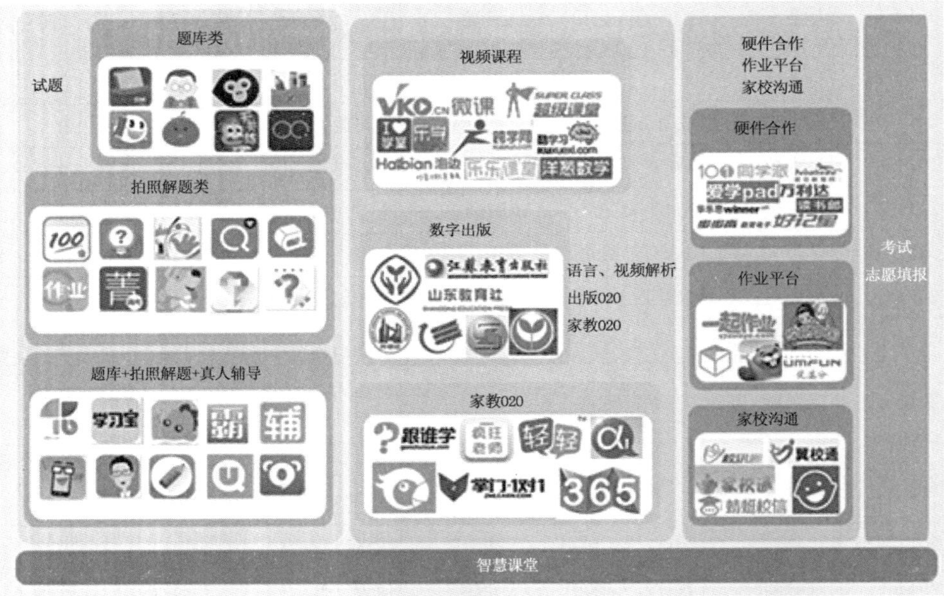

图 5-18 中小学在线题库产品发展方向

（一）试题＋课程

试题是多数在线课程产品的标配，通过做题来检验学习效果也是最为直接的方式。目前，试题主要穿插在课程中或在课前、课后的配套试题下载中。另外，在线题库产品可以以在线试题为主体，为试题配备相关的课程讲解，即视频解析。

（二）试题＋出版

在教育出版社的数字化转型中，数字化增值出版、移动互联网出版、硬件合作和在线教辅都与试题有着密切的关系。值得一提的是，在移动互联网出版方面，除了教辅出版的移动互联网尝试，移动端教育产品也在积极主动地向出版靠拢。2015年年底，百度高考App（前身是百度觅题）宣布与金太阳教育研究院共同合作出版纸质教辅书，并实现与App的联动：App作为数据处理中心，指导学生个性化地使用教辅书。试题作为内容资源也实现了线上与线下的结合，并随之改变了互联网生产的内容只作为数字化增值服务的状态。这比随纸质书附赠相关习题的形式又上升了一个等级。

（三）试题＋家教

在教与学的过程中，试题通常是衡量和评价教学效果的中间载体。一方面，对在线家教平台来说，教师需要在备课和授课的过程中使用试题资源，比如猿题库教师版将大学生家教群体纳入到用户范围中，而线下培训机构则通过购买或自建的方式为教师提供资源库。另一方面，目前，拍照解题产品已经将业务伸向了在线家教业务，这类家教模式相对简单，主要通过即时通讯工具为学生提供简单的解题服务。

（四）试题＋硬件

试题与硬件组合成为一款教育产品进入校园或触达消费者是常见的发展模式，但能够将试题资源进行打包售卖需要丰富的内容积淀，显然这对于轻教研、重技术的在线题库产品并不合适。未来可以尝试将在线题库产品预装进硬件中，探索一体化的盈利模式。

（五）试题＋作业

作业平台本身可以看作是在线试题产品的一个分支，它们的基础资源是相同的，只是在应用场景和用户角色上存在差别。与在线试题产品相比，作业平台的价值主要体现在通过作业场景连接三方用户。

四、典型案例:猿题库

猿题库是一款针对初高中生的智能题库 App,隶属于北京贞观雨科技有限公司。2014 年 8 月,公司将旗下产品拆分为两大类:专注于职业教育的粉笔网以及专注于 K12 的猿题库、小猿搜题和猿辅导。根据其官方数据,猿题库用户量已超过2 000万。

猿题库虽然通过题库和拍照搜题产品积累了庞大的用户量,但也面临着活跃用户少、后续增长疲乏、变现困难等问题。2015 年上线的猿题库教师版和猿辅导下载量并没有太大的起色。酷传网发布数据估计,这二者的下载量应该未到百万级别。另据猿题库内部工作人员称,猿辅导目前的发展数据和付费情况并不好。

(一)猿题库发展历史

2013 年 9 月:猿题库高考题库上线;

2014 年 4 月:猿题库高中题库上线;

2014 年 8 月:猿题库初中题库上线,高考、高中和初中题库合并为“猿题库”;

2015 年 1 月:小猿搜题上线;

2015 年 3 月:新增中考题库;

2015 年 5 月:猿题库教师版上线;

2015 年 6 月:猿辅导上线;

2015 年 8 月:小猿搜题上线作文搜索功能;

2015 年 10 月:猿题库新增视频解析。

(二)猿题库

猿题库目前已涵盖初高中 6 年的试题,包括语数外、文综、理综全科。其中，选择题部分支持用户提交答案、查看解析并智能记录用户对知识点的掌握程度，大题部分用户可以查看题干和解析，暂时不能与题库实现交互。系统会根据用户的做题量、准确率、知识点覆盖率等给出一个预测分数以及用户在全站和所在省份的排名情况，这一情况根据用户动态的做题数据而变动。

目前猿题库中的试题分为三大类：第一类是高考真题，猿题库会动态收录最新 5 年的高考真题；第二类是各省份的模拟试题，主要为近 3 年各省较有价值的模拟试题；第三类是全国名校及名校联盟之间的质检、模拟、联考等试题。

猿题库作为在线题库的价值并不在于内容本身，而在于背后依托大数据、机器学习等技术的算法结构。这些后台的技术支撑实现了前端不同用户的需求匹配。首先，目前市面上流通的初高中教材版本超过 40 个，不同地区、市县以及城区之间都有可能使用不同的教材版本，而不同的教材版本中知识体例略有不同，有些甚至有很大的差别。其次，每年 2 月份左右全国及各个省份会颁布当年的高考考试大纲，每年的考试大纲会对部分知识点进行微调和删减，与之对应的便是相关试题及类型的变化。最后，题库中试题的最小单位是“道”，而非整卷，因此在将每一道试题打散到题库中时不仅要为每一道试题贴上 n 个维度的标签，还要与知识点一一对应起来，这么做的目的是让用户在进行其教材版本、所在省份、所在年级等的设置之后，系统能够筛选出适合用户的知识点和试题库。所以在这个过程中，在线题库不仅要做到试题和知识点的对应，还要做到知识点和用户的对应。这也是在线题库与传统意义上题库相比最大的价值所在。

(三)猿题库教师版

2015 年 5 月，猿题库发布了教师版。根据其市场总监的说法，教师版的推出并不是刻意为之，而是从用户反馈中顺势推出的一款产品。由于猿题库掌握了庞大的学生用户信息，在部分学生的影响下，有些学校自发地要求学生使用猿题库刷题或留作业，但是这时老师检查学生作业的完成情况就比较麻烦，因此猿题库推出了这样一款打通学生和老师数据的产品。但结合猿题库自身的基因以及发展路径也可以看出，公立学校并不是猿题库的强项，通过学生用户来影响教师用户也很难大范围地进行推广,因此猿题库教师版更多的是一款概念性产品。

猿题库教师版与学生版背后的试题库是一样的,未来可能会增加单道试题的标签来满足教师这一专业群体的需求。教师版功能分为"1 对 1 出题"和"统一出题"两类,老师可任意选择一种模式并筛选好教材版本、年级、知识点、试题难度等,学生关注老师之后就可以看到老师留的作业,学生做完后老师可以得到学生完成的整体情况分析。根据其官方说法,猿题库教师版的用户群有三类:公立学校教师、培训机构教师和大学生家教。

(四)猿辅导

2015 年 6 月,猿辅导上线。值得注意的是,猿题库教师版和猿辅导均是在猿题库获得 C 轮和 D 轮融资之间开始进行策划、筹备,并在拿到 D 轮融资后不久上线的。在 C 轮融资后,猿题库开始尝试流量变现。其实早在 2013 年年底,也就是 B 轮融资后,猿题库曾推出过针对广东省的纸质版考前押题密卷和相应的直播课,组合售价 100 元,但最终收效甚微。

猿辅导针对学生不同的辅导需求,从最初的"1 对 1"发展至今已有三种模式:"1 对 1"形式针对的是学生个性化的辅导需求,价格从最初的 39 元/时提高到现在 59 元/时,其中 90%的收入归老师所有,10%归平台;学期班课针对的是学生连续性、系统性的学习需求,提供连续 10 周课程,总价 139 元;专题课针对的是学生专题学习的需求,每次课程 45 分钟,价格在 10 元以内。

猿辅导将用户从题库和拍照解题产品的"练"和"测"拉向了"教"的环节,在这一点上,猿辅导有两个优势:第一是可以将题库和拍照解题的资源用在辅导中,为"教"的环节提供测试、检验、作业等支持;第二是"练"和"测"环节积累了大量的用户和用户数据,有助于学生用户导流以及吸引教师群体入驻。

五、小结

从教师备课到学生考试,试题可以通过多个角度切入到教学的各个环节,但从持续发展的角度看，在线题库以单点切入在线教育市场容易，变现很难。这也是教育与互联网结合的复杂之处。

目前来看：一方面，在线题库因为资本的助推估值过高，导致后续资金难以接盘或接盘失败，对于这样的产品来说，要么一直向下游延伸不断过滤出付费用户，要么收缩发展规模，降低发展速度，探索合作变现。另一方面，跟风而起的在线题库产品将背靠公司既有的业务进行整合。但总的来说，在线题库产品本身并不能构成一个完整的商业闭环。

第三节　中小学在线工具热点分析

一、市场概况

除了前面提到的在线题库和拍照解题产品之外，语言学习领域和艺考领域也聚集了一些工具型产品。其中，语言学习包括汉语学习和外语学习两大类，汉语学习主要针对学前教育阶段的儿童，包括识字、拼音等产品；外语学习主要包括单词、听力、词典等产品，更多针对全年龄段用户，仅针对 K12 阶段的外语学习产品凤毛麟角，但听写类产品在学前教育阶段和小学阶段是学生和家长的刚需，值得我们关注。

另外，艺考方面的工具目前集中在美术学科。自从 2014 年艺考新政出台后，艺考的难度有了明显增加。艺考市场与留学市场有一些相似之处：从用户规模看，二者的用户总量在 50 万—60 万左右，占高考考生的比例在 5%—6%左右，虽然用户总量并不大，但这一群体却有着超强的培训需求和付费能力；从客单价看，艺考培训和留学培训的客单价均在万元以上，而且培训时间短而集中；从用户特征看，参加艺考或留学培训的考生以高中生为主，面临着升学的压力。

根据 2017 年高考改革方案，高考考生总成绩由统一高考的语文、数学、外语三个科目成绩和高中学业水平考试三个科目成绩组成，保持统一高考的语文、数学、外语科目不变、分值不变、不分文理科，外语科目提供两次考试机会。

外语科目的改变不仅在考试组织方式上，在考试内容上也有可能更侧重听、说、阅读等实际语言应用能力的考查。同时，外语考试的压力将向低年级下移，高一年级学生的外语学习和考试压力将增加。因此，学生日常外语学习需求的增加和学习内容上的转变将对市场上的在线语言学习产品产生深刻的影响，有可能促成中小学语言学习工具和相关产品的爆发式增长。

根据近几年发布的艺考新规，国家对艺考生专业课和文化课方面的要求都将更为严苛。首先，省级统考的科类进一步扩大。各省级招办目前普遍只有美术与设计学类统考，而今后统考的范围将进一步扩大至音乐学类、舞蹈学类、戏剧与影视学类。艺术类专业省级统考范围的扩大，使得校考院校的数量大量减少，因为具有单独校考资格的院校必须是29所独立设置的艺术类院校和13所参照独立设置的本科艺术院校和有艺术类硕士点的高校。其次，承认省级统考成绩的院校逐渐增多，考生在参加校考之前必须参加省级统考。最后，2013年，教育部发布《关于做好2014年普通高等学校艺术类专业招生工作的通知》，明确规定各省级招生考试机构、高等学校要逐步提高艺术类专业文化课成绩要求。另外，教育部《艺术学门类专业招生工作的指导意见》提出，从2014年起，提高艺术类招生文化课的控制分数线，其中，美术类本科专业文化课控制分数线不能低于同批次普通文理科学生文化成绩的70%，音乐专业不能低于同批次普通文理科考生文化成绩的65%。

随着高考改革的不断深入，语言学习领域和艺考领域将继续受到国家政策的影响。不管是外语学科在高考中的调整，还是艺考统考和文化课难度的提升，对于参加考试的考生来说，这些变化都增加了许多不确定性因素，正是这些不确定性因素促进了相关的教育培训市场的发展。

二、发展分类

语言学习的工具型产品大致可以分为单词类、听力类、词典类、识字类等，但这些产品主要针对的是成人。中小学阶段的语言学习主要由学校来主导，在学习内容、资料、范围、深度等方面都有统一的标准，并由应试教育框架内的各类考试进行评价，因此，中小学的语言学习市场完全不同于大学四六级、雅思、托福等细分领域。其中，单词类和听写类值得我们关注。

除了语言学习，作文类、艺考类和辅助类工具这两年也随着在线教育的发展不断向前推进。其中，作文类和艺考类值得我们关注（如图 5-19 所示）。

图 5-19　中小学在线工具产品分类

（一）单词类

单词类工具是语言学习的入门型产品。由于中小学阶段单词量和难度均较低，且单词通常在课堂讲解中消化了大半，因此背单词一直都不是中小学用户的重点。也正是基于此，各色单词类工具也没有将 K12 领域作为发展重点。

从学段上看，乐词、知米背单词、完美规划等从初中开始，没有小学单词库；从教材版本来看，几乎所有单词类工具在中小学阶段只涵盖部分教材版本，大部分只提供人教版教材；从产品定位看，目前只有贝贝单词和单词之美在中小学阶段的内容相对丰富（如表 5-5 所示），整体来说，单词类工具的市场还是在大学考级、职场英语和留学考试上面。

表 5-5 中小学单词类工具案例

产品	简介	特征
单词之美	涵盖小学三年级到高考的内容，但版本只有人教版； 主要功能包括单词卡片式学习、复习和测试。用户学习前需在单词卡片界面中下载图片和语音包，每个单词都有语音、图片、释义、助记和例句。用户可通过学习解锁或购买畅学币来进行每个单元的学习； 测试包括英译汉、汉译英、图选词、听音选词等7种模式，除前两种模式外，其余模式需用户付费使用。	单词按照课本和词汇书顺序排列。
贝贝单词	涵盖小学三年级到高考的内容，但版本只有人教版； 以游戏化闯关模式设计背单词流程，用户在选择年级后进入游戏界面，游戏开始前，用户可熟悉本关涉及的单词，包括单词的发音和释义。游戏时，系统给出中文释义，用户需要以连线的方式正确拼出单词。闯关成功后用户可获得虚拟币奖励。	通过游戏闯关方式增加背单词的趣味性。

对于中小学阶段单词类工具来说，与教材做到同步是目前最大的亮点。但随着外语学科在高考中的改革，未来考试内容可能进一步与教材松绑，考查重点向语言实际运用能力靠拢，这对于单词类工具来说可能是拓展K12用户的一个机会。单词类工具可以借助单词这一入口，通过听力、阅读、作文、词典等组合产品来吸引和巩固用户群，并与题库、课程等产品进行上下游的对接。

(二)听写类

听写类产品是中小学阶段，尤其是小学阶段特殊学习需求的产物。我们也可以将它看作是音频教育资源。由于这类产品与教材紧密关联，因此在很大程度上替代了随书光盘、随书磁带的功能，其本身也可以看作是数字出版的一部分。但也正因为此，听写类产品在内容上其实存在着版权隐患。

目前，市场上的听写类工具包括龙城闪客旗下的奇奇启发语文听写、习网旗下的习网报听写、快易典旗下的课文早晚听等。根据功能侧重点的不同，这些听写类工具又可以大致分为以下三类：

第一类强调边听边写，这一场景主要出现在小学作业中，并且听写内容与教材保持高度一致（如表 5-6 所示）。

表 5-6　中小学听写类工具案例(1)

产品	功能
奇奇启发语文听写	针对人教版小学教材； 有两种听写模式：第一种，用户听音频后在屏幕田字格中手写出对应的字；第二种，给出词语，用户听读音，在屏幕田字格中进行描红。
熊宝报听写	覆盖小学阶段多个版本教材； 听写有单词辨识、手机听写和纸上听写三种模式：单词辨识需要用户在规定时间内听语音选择正确释义；手机听写时用户可看到中文释义，然后在屏幕上拼出听到的单词；纸上听写与手机听写类似，但有时间限制。

第二类强调听读功能，替代了随书光盘和随书磁带的功能（如表 5-7 所示）。

表 5-7　中小学听写类工具案例(2)

产品	功能
习网报听写	包括语文和英语两科，涵盖从小学到初中的多个教材版本； 听写时需要先选择教材，然后系统会按照教材内文章顺序进行生词词组的播放，用户也可自由选择文章，调节播放间隔和次数。
酷听说	分为学生和教师版，教师可在 PC 端登录，学生需要填写自己所在地区和学校，并加入班级才可以下载教材包，部分教材收费； 用户可听可跟读，学习报告仅显示用户听和跟读的次数。

第三类强调泛听力，内容不仅涵盖语文和英语，还包括其他科目。其中纳米盒的教材点读功能是一大亮点（如表 5-8 所示）。

表 5-8　中小学听写类工具案例(3)

产品	功能
纳米盒	主要功能分为“课内”“课外”“世界”:“课内”主要是教材点读,包括小学语文和英语各个教材版本的内容,用户可在线或下载相应的教材,点击屏幕上内容系统既可朗读,还可选择连读和复读模式;“课外”为中英文绘本、配音和各类音视频资源;“世界”提供学生家长讨论圈、作品秀、产品周边等。
高考蜂背	包括“听背”“电台”“日报”三大功能:“听背”按照教材顺序和章节目录来组织听背内容,用户可下载音频包,也可以点击“背”来隐藏其中部分知识点用于自测;“电台”主要为一些总结性的听背内容,如作文素材等;“日报”为文字版的总结性内容,如作文模板、解题技巧等。
课文早晚听	包含英语、语文、儿歌、故事和国学内容。英语和语文内容针对小学,配套多个教材版本,用户可选择教材下载,或扫描教材内容系统自动匹配,目前只能听不能跟读。

(三)作文类

2014 年 11 月,北京市教委发布《北京市中小学语文学科教学改进意见》,提出中、高考语文试卷将增大古诗文、现代文阅读量,增加优秀传统文化内容考查,适当增加主观题的比例,设置“可选择性”作文命题。从 2014 年开始,北京高考语文作文变为一大一小两道试题:大作文由 60 分降为 50 分,同时增加 10 分的小作文。随着高考改革对于语文学科的重视,中小学在线教育中作文类产品开始受到重视。

除了在线题库产品,比如小猿搜题、作业帮、学霸君、爱考拉等陆续增加作文库外,一些教育或互联网公司也开始整合推出作文类独立产品(如表 5-9 所示)。作文类产品目前的收费点集中在点评和批改上。

表 5-9　中小学作文类工具案例

产品	简介	功能
乐乐作文	高思教育旗下产品，分为 PC 版和移动版，乐乐作文目前已经和作文通、阿凡题和爱考拉达成合作。	主要功能为“作文库”和“采蜜集”，“作文库”中每一篇作文均有作者、老师评阅和批示、读者评论等标签；用户在浏览时收藏的段落将按照时间排序收录进“采蜜集”中。
麦格作文	好未来旗下产品，分为 PC 版和移动版。其中 PC 版注重内容展示和社交，移动版注重作文库功能。	移动版功能主要有“作文库”和“投稿”。作文库内容来自好未来旗下的作文网，这部分功能与乐乐作文相似。
春苗作文宝	百度网讯科技有限公司开发的一款致力于提升初中生写作水平的 App。	产品设计遵循用户搜索——系统给出匹配题目和审题分析——用户提供选材思路——系统给出范例的路径。
壹笔·作文	由《作文素材》杂志和重庆市全媒体数字教育工程技术研究中心共同打造，分为学生版和老师版。	主要提供作文素材、1 对 1 作文辅导和名师批改服务；辅导及批改服务面向用户收费。
慧·作文	全课网的慧·作文嵌入的是作文帮的内容，作文帮是一款小学生写作平台，提供优秀作文展示、作文练笔、好友互评作文等功能。	VIP 用户可享受作文发表、作家批改、收听作家直播课的服务。

（四）艺考类

根据中国艺考网的数据，2002—2013 年，全国设置艺术类专业的高校从 597 所增加至1 679所，艺考生人数从 3.2 万增加至近 60 万。2013 年，艺考生人数占高考总人数的近 6%。

艺术教育可以粗略地分为三类：第一类是兴趣教育，这部分市场广阔，是艺术教育的主力军；第二类是艺考培训，这部分客单价较高，属于刚需；第三类是专业教育，主要面向艺术专业学生，相对小众。

在线艺考类工具主要围绕艺考培训深挖两大痛点：交流点评和寻找画室（如表 5-10 所示）。

表 5-10 艺考类工具案例

产品	功能
美术宝	主要功能为“圈子”“院校”“画室”:“圈子”提供艺考信息和让用户展示美术作品的交流社区;“院校”提供美院介绍、用户问答、名师和培训推荐;“画室”整合线下资源,提供画室介绍和报名入口。
艺考就过	包括美术、音乐舞蹈和戏剧影视三类艺考,整体功能包括“问答”“课程”“发现”:“问答”为用户上传作品,老师进行指导;“课程”为用户所在地的相关美术或文化课程1对1辅导;“发现”包括吐槽圈子、报考信息、图库、教学视频和培训班介绍。
艺考帮	包括“考评”“发现”“艺圈”三大功能:“考评”有模拟考和大众考,前者由系统给分,并给出用户最近作品成绩变化曲线,后者由老师点评;“发现”包括老师、画室和课程的推荐介绍以及图库和美术资讯;“艺圈”提供主题交流圈子。
艺友	包括“发现”“广场”“画室”三大功能:“发现”是一个社交平台,以类似朋友圈的形式展示艺友动态;“广场”提供全国画展信息、美术作品书籍和历届美术考试题库(全国联考和大学校考);“画室”整合线下资源,提供画室介绍和报名入口。

三、融资情况

与内容、平台型产品不同,工具类产品在中小学领域位置相对边缘化,除了在线题库和拍照解题两类受到资本热捧外,其他工具型产品多是“依靠大树”。

语言学习工具方面,扇贝、拓词、知米等已经相对成熟,并进行了收费模式的有力探索,比如百词斩的周边产品销售、扇贝的内容付费等。但K12目前并不是这些产品的重点,百词斩甚至没有中小学的内容(如表5-11所示)。

表 5-11 语言学习工具融资情况

时间	产品	金额	轮次	投资机构	成立时间	成立地点
2011.5	扇贝	——	天使轮	天使湾	2009年	南京
2014.1	扇贝	数百万美元	A轮	IDG	2009年	南京
2013.1	百词斩	1 000万人民币	天使轮	经纬中国	2012年	成都
2013.1	百词斩	数千万人民币	B轮	——	2012年	成都
2014.5	百词斩	300万美元	A轮	经纬中国	2012年	成都

续表

时间	产品	金额	轮次	投资机构	成立时间	成立地点
2013.7	完美规划背单词	数百万人民币	天使轮	华创资本	2013 年	北京
2014.8	知米英语	数百万人民币	天使轮	顺为基金	2014 年	杭州
2015.5	知米英语	数百万美元	A 轮	顺为基金、龙腾资本	2014 年	杭州
2015.1	贝贝单词	数百万人民币	天使轮	信天创投	2014 年	北京
2016.1	贝贝单词	数百万人民币	Pre-A 轮	华澎资本	2014 年	北京

艺考方面，随着国家在艺考方面的重视，针对艺考的在线工具、艺考 O2O 等产品开始受到资本关注。这里有两点值得注意：第一，艺考市场与留学市场有着较多的相似之处，两者在一定程度上可以相互借鉴；第二，目前在线工具切入的是艺考培训市场，美术宝、艺考就过、艺考帮等产品都与线下画室有着流量的交换。这部分市场的特点是刚需、客单价高，但人群相对狭窄。除此之外，还有星空琴行、艺多多、弹吧钢琴陪练、音乐笔记等针对艺术市场中兴趣教育的产品，这部分市场的用户范围更广，与艺考培训市场相比，更被资本所看好（如表 5-12 所示）。

表 5-12 兴趣教育产品融资情况

时间	名称	金额	轮次	投资方	成立时间	成立地点
2012.7	琴语琴愿	数百万人民币	天使轮	九合创投	2012 年	北京
2012.7	星空琴行	数百万人民币	天使轮	九合创投	2012 年	北京
2013.8	星空琴行	数百万美元	A 轮	顺为基金	2012 年	北京
2014.1	天下网校	数百万人民币	天使轮	——	2013 年	北京
2014.1	为艺教育	数百万人民币	天使轮	IDG	2014 年	北京
2014.1	艺多多	数百万人民币	天使轮	——	2013 年	北京
2014.1	学学看	100 万美元	天使轮	——	2013 年	上海
2014.3	真朴教育	1 000 万美元	A 轮	银泰资本	2007 年	北京
2014.3	The ONE 智能钢琴	1 000 万人民币	A 轮	创新工场	2014 年	北京
2014.8	弹吧钢琴陪练	数百万人民币	天使轮	华创资本	2014 年	上海

续表

时间	名称	金额	轮次	投资方	成立时间	成立地点
2014.9	星空琴行	数千万美元	B轮	蓝驰创投、顺为基金	2012年	北京
2015.3	弹吧钢琴陪练	数百万人美元	A轮	红杉资本	2014年	上海
2015.3	一起练琴	数百万人民币	天使轮	杭州盈动投资	2014年	杭州
2015.6	星空琴行	2 000万美元	C轮	嘉御基金、蓝驰创投、顺为基金	2012年	北京
2015.7	画啦啦少儿美术课堂	数百万人民币	天使轮	未来工场	2014年	广东
2015.7	于斯课堂	数百万人民币	天使轮	CA创投	2014年	上海
2015.7	音乐笔记	数百万人民币	天使轮	未来工场	2014年	北京
2015.9	陪你学古筝	数十万人民币	天使轮	未来工场	2013年	深圳
2015.10	The ONE智能钢琴	数千万美元	B轮	创新工场、真格基金、红杉中国	2014年	北京

四、典型案例:美术宝、纳米盒

(一)美术宝

美术宝是北京艺旗网络科技有限公司旗下产品,于2014年10月上线,并在同年年底拿到了460万美元的A轮投资。根据其创始人甘凌2015年中旬在媒体披露的信息,美术宝目前注册用户有50万左右,最为活跃的功能是“评画”(用户上传自己的作品,由机构老师或者普通美术爱好者进行评判)。未来美术宝将会拓展用户人群,进入K12的兴趣教育领域,同时将上线C2C课程,帮助用户获得更为专业的美术辅导。

美术宝目前已推出PC端和移动端产品:PC端为美术宝诚信画室,可以看作是O2O画室平台,用户可在线选择画室报名;移动端产品整合了社区、学习考试和画室资源三大功能。

对于美术生来说，自己的作品获得老师及专业人士的点评是非常重要的。因此，艺术类 App 大多采取社区模式，以增强学生和老师群体的互动。美术宝的社区细分为学习圈、老师圈、动漫圈等 8 个圈子。总的来说，圈子的功能主要是双方展示自身需求并获取回馈，比如学生将自己的作品传到圈子中求得老师指导，老师也可上传自己的作品进行示范。学生和老师都有自己的 SNS 主页，可以展示自己的信息、行为，并与他们进行互动。点评的老师分为两类：一是画室老师，线上点评有可能为自己的画室带来生源；二是在校学生，美术宝会给答题报酬，类似春雨医生，以答题抢单的方式带动点评用户的积极性。而同类产品艺考帮的“评画”分为机器评分和老师评分两类。

图 5-20　美术宝圈子功能界面

除此之外，美术宝还新增了视频教学以及 1 对 1 在线视频辅导。

在学习方面，美术宝提供考试相关资讯及工具。资讯包括美术联考、职业填报及各省市美术院校专业的信息。工具包括美术图库、起形神器和范画视频，其中范画视频为各地各类美术考试试题的真人完成过程。同类产品艺友还提供美术考试题库。

在考试方面，美术宝的院校模块提供了全国各地院校的招生考试情况，包括录取线、录取规则、考学名师等，用户可在线提问。

对于美术宝这类 App 来说，老师用户产生的价值是重要的“护城河”。美术宝的社区满足的是学生免费被点评的需求，要想黏住更多老师和专业人士，还需要满足他们的教学、招生和盈利的需求，因此，推荐画室和名师成为艺术教育产品的主要功能之一。美术宝推荐的画室以地区分类，添加了排名、关注量、报名人数、评论等量化信息，可以在线咨询和报名。

图 5-21　美术宝院校功能界面

图 5-22　美术宝画室推荐界面

选择美术作为产品切入点有以下四点优势。

第一是客单价高。艺考生中美术考生最多且客单价高，这点与留学生市场相类似，且二者的人群总量也比较接近，每年在 50 万—60 万左右。

第二是用户有阶段性需求。一般来说，美术艺考生在高二的下学期就要开始查询信息，选择画室和报考学校，而画室往往是和报考学校有所关联的。

暑假到过年的半年时间是艺考生集中训练专业技能的时间，他们往往会泡在画室集中训练，过年后开始参加全国联考和校考，高考前 3 个月再回到学校补习文化课，准备高考文化课考试。由此可以看出，艺考生对于院校选择、画室辅导、学习资料的信息需求很强烈，且这些需求是捆绑在一起的。因此，综合类的“学习＋资讯＋服务平台”对于艺考生来说很有吸引力，这也是为什么美术宝这些产品必须吸引老师用户的重要原因。

第三是实物化。相比于表演、舞蹈等类别，美术艺考生的作品可以以图片的形式直观地展示出来，便于互联网传播。

第四是线下培训机构成熟。各地的美术画室标准化程度比较高，但面临招生难题，常规的做法是投百度广告，而美术宝为这些画室开辟了新的引流渠道。

从发展方向看，不同于其他领域的 O2O，艺考本身具有周期性，且主要服务的是高三艺考生。为了解决用户需求存活期短的问题，此类平台有两个发展方向。

第一是向艺考的全类别发展。比如艺考就过产品目前包括美术、音乐舞蹈和戏剧影视三个类别，未来可以跳出艺考培训这个领域，向兴趣教育和专业教育延伸，这样就从横向扩大了用户范围。美术宝也计划进入 K12 的兴趣教育领域，同时推出线上 C2C 课程，帮助用户获得更为专业的美术辅导。

第二是深挖用户需求。针对高一、高二学生推出预热性内容，让这部分用户尽早进入到平台中，同时为高三艺考生提供文化课方面的服务。由于艺考生在高三综合复习阶段忙于艺术备考，而教育部从 2013 年开始一直强调提高艺考生的文化课分数线，因此艺考生在文化课方面的补习成为高考前的需求热点。针对艺考生的自身特点和需求为其量身定制一套考前学习方案是艺考培训之外的另一个掘金点。

（二）纳米盒

纳米盒是上海进馨网络科技有限公司推出的一款移动端教辅应用，公司于 2014 年在上海成立，同年 9 月移动端产品上线。纳米盒最初从微信公众号进行传播，目前已有 PC 端网站和移动端 App。纳米盒在 PC 端和移动端的功能略有不同(如图 5-23、5-24 所示),但总结起来,其主要功能包括课本点读、学习资料和讨论圈三部分。

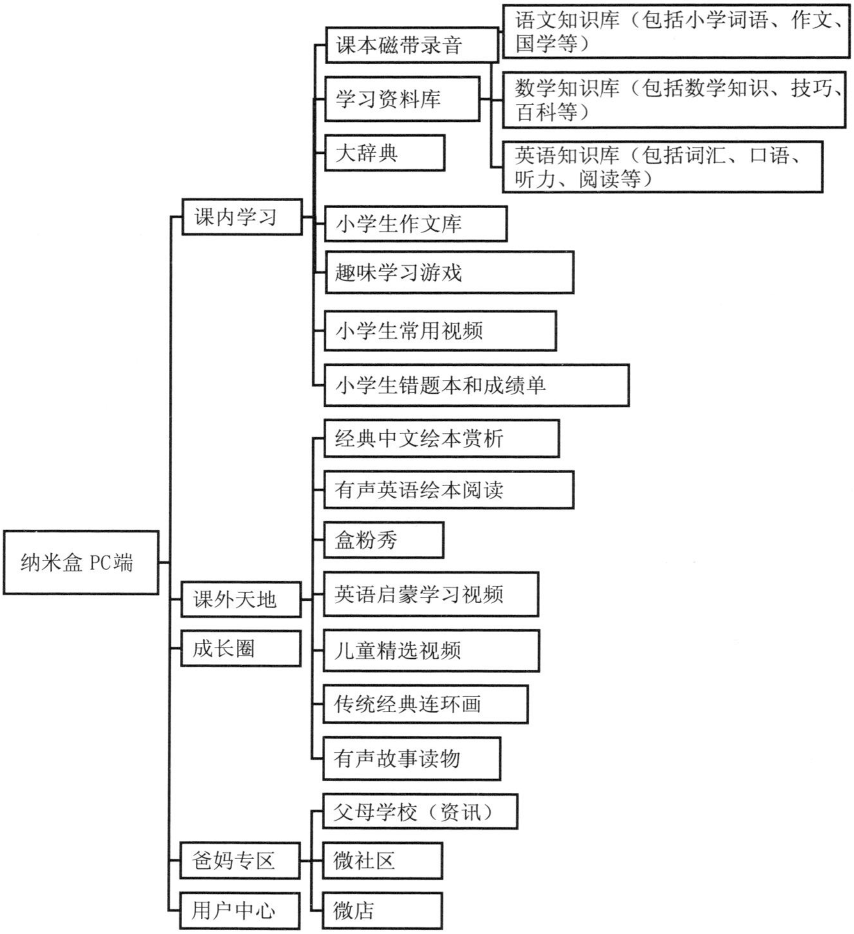

图 5-23　纳米盒 PC 端功能图

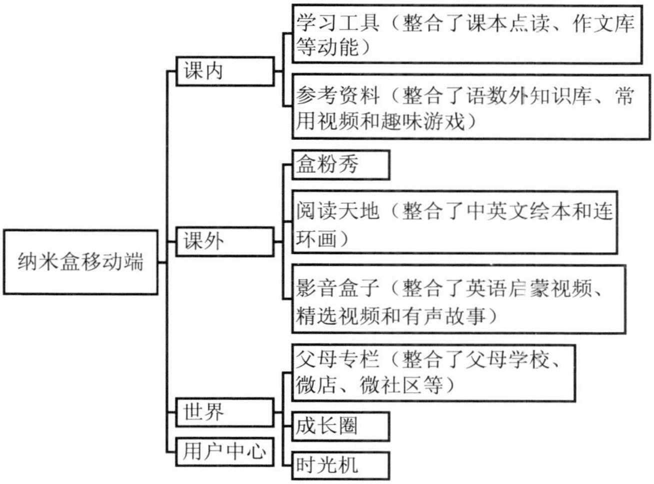

图 5-24　纳米盒移动端功能图

课本点读是纳米盒的核心功能之一。课本磁带录音主要针对小学英语和语文两个学科，涵盖市面上主流教材版本。英语科目目前支持教育部审定及地方审定教材的点读，并提供朗文、新概念、剑桥等教材的音频及点读。使用时，用户需要选择对应的年级、教材、单元，系统出现教材预装并全屏显示电子教材内容（如图 5-25 所示），用户可选择连读或点读两种模式来听取音频内容。

图 5-25　纳米盒课本点读功能界面

纳米盒的学习资料可归结为文档资料、绘本和音视频三大类。文档资料为 PC 端的学习资料库和移动端的参考资料部分内容。绘本包括中文、英文绘本和连环画。用户除了可以在线阅读绘本外，还可以为绘本配音。移动端推出了配音工具纳米盒粉秀 App，用户可选择绘本进行逐页配音。在绘本音频上，纳米盒采取了“PGC＋UGC”模式，用户既可以听到绘本原声，也可以听到其他用户的配音作品。音视频为 PC 端的小学生常用视频、儿童精选视频和有声故事读物等。前二者接入的是各个视频网站的内容(如图 5-26 所示)。

图 5-26　纳米盒绘本配音功能界面

纳米盒在 PC 端和移动端的讨论圈设计得都较为分散，PC 端的“成长圈”其实就是以话题为单位的一个个独立讨论圈，移动端的“世界”也是如此，目标用户以家长为主。

从纳米盒 App 的下载量及其微信公众号的阅读量来看，纳米盒确已积累了大批用户。纳米盒主打的课本点读功能以“免费＋使用手机终端”即可使用的形式面向学生和家长，动的主要是学习机、点读机这类硬件厂商的奶酪。但考虑到教材的版权问题，纳米盒这样体量的产品很难以合法身份进入市场进行深度的商业化运作。

纳米盒的版权问题主要集中在数字课本和数字绘本上。《中华人民共和国著作权法》规定，“人民教育出版社对其出版的各类教材，包括内容、体例、标识、版式设计等享有著作权以及与著作权有关的权益。任何单位和个人使用人教版教材制作、出版电子音像制品均须经人民教育电子音像出版社许可。否则，权利人将依法追究当事人的法律责任”。与纳米盒类似的电子课本网、中国儿童资源网、51 家教网等都有电子版教材和配套的音频资料，但这类网站通常不支持下载，且在网站上均有“资料来自于网络，若侵权可联系删除”的字样，可见此类产品均面临着网络版权问题。

如果获得出版社授权并抛开硬件外壳，纳米盒这种将数字资源裸卖的方式是否可行呢？闽教英语是一款与纳米盒类似的产品，通过福建教育出版社的官方授权，提供相关教材内容的手机端英语点读、复读、翻译等功能。目前已服务于福建省 250 万小学生，用户使用 App 中的每一本教材均需付费。虽然课本点读是用户的刚需，但上游内容授权困难和下游付费通道不通畅仍待更好的解决方案。

五、小结

同质化严重以及用户黏性低是互联网工具类产品的通病。对于变现渠道狭窄的中小学在线教育领域来说，单一工具类产品很难实现突围。结合以上分析来看，工具类产品有两条发展路径：第一种是通过产品矩阵来实现价值的析出。因为产品矩阵可以增加用户的转移成本，实现不同产品之间的联动运营。第二种是做连接体制内内容和体制外群体的工具，比如听写类产品。虽然这类产品现阶段面临着版权风险，但确实击中用户刚需，在变现上较有保障。

第四节　中小学在线家教类

一、市场概况

如今，O2O 与人们的生活结合得越来越密切，餐饮、医疗、社区、出行、婚庆等行业的 O2O 势头正劲。教育领域的 O2O 从 2014 年开始崛起，目前以家教平台类为主，跟谁学、请他教、疯狂老师等一批 O2O 家教平台获得了资本支持。

2010 年,美国最早提出 O2O 的概念,强调"互联网成为线下交易前台"。随着 O2O 的发展,其概念与运作方式也发生了改变。2010 年之前的 O2O 大多局限在生活服务领域,主要提供本地生活信息,比如大众点评网。2010 年,团购网站的繁荣带动了传统行业与互联网的结合,同时也培育了用户线上消费线下体验的行为习惯。随后,O2O 的概念开始慢慢泛化,移动互联网的崛起也使得 O2O 有了更为广阔的发展空间。

从内部来看,O2O 的发展与传统行业互联网化的进程相一致。传统行业通过与互联网的深度结合构建出新的商业模式,并成为拉动其发展的新动力,比如在线旅游。但近两年崛起的美业、医疗、教育等细分领域还未找到稳定的商业模式来支撑其更快、更大的发展,这些细分领域的线下资源在向线上转化的过程中受到产品和服务非标准化的影响,资源转化能力相对较弱。因此,虽然这些领域在线下有着庞大的市场需求,但 O2O 的发展却十分缓慢。

从外部来看,O2O 的发展与地区经济发展水平、互联网发展水平以及行业发展水平等都有直接关系:

2015 年,李克强总理在《政府工作报告》中首次提出"互联网+"行动计划,从国家层面上推动传统行业与互联网的深度融合,创造新的发展模式。

国家统计局发布的《2015 年国民经济和社会发展统计公报》显示,2015 年,我国国内生产总值达到676 708亿元,比上年增长 6.9%。其中,第一产业增加值60 863亿元,增长 3.9%;第二产业增加值274 278亿元,增长 6.0%;第三产业增加值341 567亿元,增长 8.3%。第一产业增加值占国内生产总值的比重为 9.0%,第二产业增加值比重为 40.5%,第三产业增加值比重为 50.5%,首次突破 50%。第三产业增加值的不断上涨也投射出 O2O 市场潜在的活力(如图 5-27所示)。

另外,根据 2015 年北京、上海和广东三地的经济和社会发展统计公报显示,三地第三产业增长速度和占地区生产总值的比重均领先于全国水平,其中上海增速明显(如表 5-13 所示)。良好的经济和社会发展情况为 O2O 市场发展提供了基础条件。具体到教育领域,O2O 教育市场在地域上相对分散,虽然获得融资的在线家教平台仍以北京为主,但北京已不占绝对的优势。未来,O2O

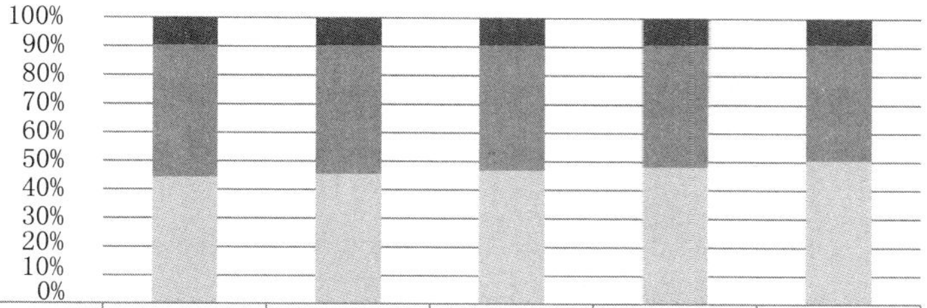

年份	2011 年	2012 年	2013 年	2014 年	2015 年
■ 第一产业	9.5%	9.5%	9.4%	9.2%	9%
■ 第二产业	46.1%	45%	43.7%	42.7%	40.5%
■ 第三产业	44.3%	45.5%	46.9%	48.1%	50.5%

图 5-27　2011—2015 年第一、二、三产业增加值占国内生产总值比重

教育项目将更多向经济和社会发展较好的城市渗透，出现多点开花的市场格局。

表 5-13　2015 年北京、上海和广东第三产业增加值、增速及占比情况

地区	第三产业增加值	增长速度	占地区生产总值比重
北京	18 302 亿	8.1%	79.7%
上海	16 914.52 亿	10.6%	67.8%
广东	36 956.24 亿	9.7%	50.8%

2015 年起，根据教育部精神，各地教委陆续开始打破教师终身制，实行教师资格定期认证注册制度，目前以 5 年为限。在终身制的保障下，教师群体身份固化，人才换代慢，知识更新、素养提升缺乏动力，教育方式容易僵化，教育改革进展缓慢。教师资格定期认证注册制度不仅可以使教师在灵活的机制下更快地更新观念、提升水平，同时也可以促进一些教师脱离体制，进入到体制外的教育培训市场中。

具体到 K12 教育领域，O2O 的发展模式主要集中在家教平台上。O2O 家教平台通过连接教育服务的提供方和具体的用户，促使信息和资金在平台上流动。同时，无形的服务被放在线下进行，这也是 O2O 环节中最有价值的部分。具体的服务形式包括老师上门、学生上门和协商公共区域辅导三种。

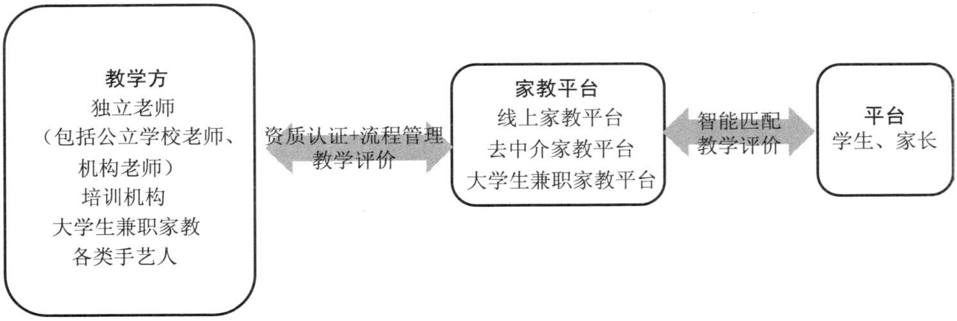

图 5-28　O2O 家教平台流程图

O2O家教平台是一个典型的双边平台，平台双边用户之间存在着间接的网络外部性，也就是说，为了吸引大量的教育服务提供方，包括教育机构、独立老师以及大学生家教等，平台的另一边需要有大量的学生用户。对于学生用户来说，也是如此。因此，这类平台面临着优先培育和建设哪一边用户的问题。

从整个O2O行业来看，平台的补贴政策在最初通常针对平台的双方，发展到一定程度后补贴会逐渐降低，并动态调整对双方补贴的策略和比例。现阶段，O2O家教平台更多是通过大范围共享经济优化整个流程，提高行业效率。

二、发展模式

从教育服务提供方的不同来分类，O2O家教平台可以分为线上家教平台、去中介家教平台和大学生兼职家教平台三类。虽然同属于O2O家教平台，但三者在定位、运营思路等方面还存在一些差异。

（一）线上家教平台

线上家教平台内容丰富，它通过信息、用户和资金的聚合形成对线下教育机构的辐射。线上家教平台以B2B2C业务为主，在平台上提供教育服务的主体不仅包括教育机构，也包括各类独立的老师、大学生兼职家教等。因此，它其实囊括了去中介家教平台和大学生兼职家教平台的部分功能。

在用户群体方面，线上家教平台不仅局限在K12领域，也包括上门早教、职业教育等，涵盖更为广泛的用户群体。在授课模式上，线上家教平台也较为多样。

相比较而言，线上家教平台与早期家教网站的差异不大。在互联网补贴模式的影响下，虽然短期内平台两边聚集了大量的流量，但其能够释放的价值较小。同时，这类流量聚合平台的发展风险较大，前期需要大量的资金投入。基于此，这类平台在融资方面表现得不容乐观，基本停留在天使轮和 A 轮融资，资本更多地追逐去中介家教平台和大学生兼职家教平台。

线上家教平台的典型案例包括跟谁学、神州佳教、名师宝等。

（二）去中介家教平台

去中介家教平台采用 P2P 模式，通过互联网消除信息的不对称，让学生与教师之间的沟通和教学更为透明和顺畅。去中介家教平台是随着 O2O 的兴起而发展起来的，它与同一时期出现的出行领域的“滴滴打车”、美业领域的“河狸家”、家政领域的“58 到家”等在本质上是一样的。O2O 的价值在于传统与互联网深度结合后所产生的“1＋1 ＞2”的化学反应。这一化学反应在去中介家教平台反映在对教师个体的解放上。

在传统的在线家教平台上，由于平台营收主要来自于业务抽成，因此教师与学生对接后经常出现“跑单”现象。平台需要不断弱化和细分教师工作，以保持教师和学生对于平台的黏性。去中介家教平台主要是释放个体教师的价值，这一点与韩国的明星补习机构 Megastudy 有许多相似之处：通过完全市场化的方式将优质教师的时间作为稀缺资源进行售卖，高度释放教师个体的活力和潜力。但由于服务形态的非标准性，这也对教师的线上教学水平、教学服务体验、用户接受能力提出更大的挑战。

值得一提的是，虽然去中介家教平台强调教师个体的解放，但平台对于教师的价值不降反增。传统机构为教师提供了品牌背书和教学支持，同时也在一定程度上保证了生源。对于去中介家教平台来说，精准匹配系统的开发与优化以及老师备课、排课、课后跟踪等辅助工具的使用是平台发展的基础。非标准化的教师评定、教学流程、服务体验等环节不仅是平台最大的价值所在，也是积攒品牌影响力，为个体教师提供品牌背书的过程。

目前来看，入驻去中介家教平台的教师多来自线下培训机构，因此这类平台与线下家教市场的竞争和冲突最为强烈。不过，在一定程度上，我们也可以将其看作是线下培训机构的线上尝试。

去中介家教平台的典型案例包括轻轻家教、疯狂老师、请他教、爱辅导、365好老师等。

（三）大学生兼职家教平台

大学生兼职家教平台与前两者的区别主要有两点：第一是服务主体不同。提供家教服务的主体由教师变为大学生，尤其是名校大学生。基于此，大学生兼职家教平台主打“名校榜样”和“陪伴式学习”的概念，并提供更为多样的增值服务，比如私人定制、在线答疑、课件分享等。第二是服务形式以远程视频1对1为主。

大学生一直是家教市场的主力。相比教师，大学生兼职家教的价格更为低廉，与学生的教学互动更为自然顺畅。大学生兼职家教平台可以通过与高校合作来保障教员的数量和质量，比如知学为大学生提供职场辅导、出国留学申请等服务；优思家教将教员的招募、审核、培训、管理外包给学校的勤工俭学社团。从教学内容来看，教师群体更擅长“讲授”，而大学生兼职家教更擅长“解惑”和传授亲身经验。因此，大家生兼职家教平台可以在授课内容上进行延展，加入更多的社交元素，与以上两类家教平台形成差异化竞争。

大学生兼职家教平台的典型案例包括1号教室、壹课网、知学、优思家教、超级学团等。

三、融资情况

根据表5-14，近年来获得融资的在线家教平台共23个，涉及融资事件39起。从时间来看，2014年为15起，2015年为23起。其中，2015年以去中介家教平台和大学生兼职家教平台为主。总的来说，在线家教平台的融资热集中在

2014 年的下半年和 2015 年的上半年。

从在线家教平台成立的时间来看，2013 年之前（包括 2013 年）成立的在线家教平台共 7 个，2014 年为 13 个，2015 年为 3 个。2014 年是在线家教平台集中成立的一年。

从轮次来看，在线家教平台融资依然以天使轮和 A 轮居多，二者各有 16 起，B 轮融资共 4 起，进入到 C 轮融资的只有轻轻家教和清大世纪教育。老师来了在经历两轮融资之后已经确认关闭。

从成立地点来看，在线家教平台虽然仍以北京居多，共有 12 个产品成立于北京，但北京已不占绝对的优势，上海、广东和浙江三者总量与北京相当。值得一提的是，在线家教平台地域分散的特征相对明显，上海和北京的差距相对较小。上海较高的经济发展水平以及居民较强的消费能力使得上海在 O2O 教育领域有一定的发展潜力。

表 5-14　中小学在线家教平台融资情况

时间	产品	金额	轮次	投资机构	成立时间	成立地点
2012.01	常青藤家教网	数百万美元	A 轮	——	2011 年	北京
2014.01	爱辅导	100 万美元	天使轮	心元资本	2011 年	北京
2014.01	365 好老师	数百万人民币	天使轮		2013 年	北京
2014.01	1 号教室	数百万人民币	天使轮	——	2013 年	北京
2014.01	陪读学堂	数百万人民币	天使轮	同创伟业	2009 年	北京
2014.11	陪读学堂	数千万人民币	A 轮	同创伟业	2009 年	北京
2014.04	清大世纪教育	5 000 万人民币	A 轮	鼎典资本	2003 年	北京
2014.12	清大世纪教育	2 500 万人民币	B 轮	新加坡华乔银行	2003 年	北京
2015.03	清大世纪教育	4 900 万美元	C 轮	RRJ 资本	2003 年	北京
2014.06	突破互动	1 000 万	天使轮	——	2014 年	北京
2014.07	榜样	数百万人民币	天使轮	险峰华兴	2014 年	北京
2015.03	榜样	——	A 轮	清流资本	2014 年	北京
2014.09	轻轻家教	数百万美元	A 轮	IDG、挚信资本	2014 年	广州
2014.10	轻轻家教	数百万美元	A 轮	IDG	2014 年	广州

续表

时间	产品	金额	轮次	投资机构	成立时间	成立地点
2015.04	轻轻家教	1 500 万美元	B 轮	红杉资本、挚信资本、IDG	2014 年	广州
2015.05	轻轻家教	数百万美元	战略投资	好未来	2014 年	广州
2015.06	轻轻家教	1 亿美元	C 轮	好未来、红杉资本、IDG、挚信资本	2014 年	广州
2014.09	老师来了	数百万人民币	天使轮	IDG	2014 年	杭州
2015.03	老师来了	200 万美元	A 轮	——	2014 年	杭州
2014.10	请他教	250 万人民币	天使轮	——	2014 年	厦门
2015.05	请他教	6 950 万人民币	A 轮	纽信创投、梅花天使创投	2014 年	厦门
2015.07	请他教	8 600 万人民币	A 轮	盈信投资集团、梅花天使创投、纽信创投	2014 年	厦门
2014.11	疯狂老师	数百万人民币	天使轮	丰厚资本、分享投资、天泽投资、黑马基金	2014 年	上海
2015.02	疯狂老师	数千万人民币	Pre-A 轮	黑马基金、天使投资人吴宵光	2014 年	上海
2015.06	疯狂老师	2 000 万美元	B 轮	腾讯	2014 年	北京
2015.07	疯狂老师	2 400 万美元	B+轮	分享投资	2014 年	北京
2014.12	掌门 1 对 1	数百万人民币	天使轮	青松基金	2014 年	上海
2015.07	掌门 1 对 1	2 000 万人民币	A 轮	顺为基金、青松基金	2014 年	上海
2015.01	邻师	数百万人民币	天使轮	天使湾	2014 年	上海
2015.03	优思家教	300 万人民币	天使轮	——	2014 年	上海
2015.03	有师	数百万人民币	A 轮	绿网天下	2014 年	上海
2015.03	跟谁学	5 000 万美元	A 轮	高榕资本	2014 年	北京
2015.05	好老师联盟	数百万人民币	天使轮	险峰华兴	2015 年	杭州
2015.06	名师宝	3 000 万人民币	天使轮	家族基金	2015 年	东莞
2015.06	选师无忧	1 000 万人民币	A 轮	——	2003 年	广州
2015.06	老师好	1 000 万美元	A 轮	SIG 海纳亚洲	2014 年	北京

续表

时间	产品	金额	轮次	投资机构	成立时间	成立地点
2015.08	老师好	——	A 轮	58 同城	2014 年	北京
2015.06	拼班	500 万人民币	天使轮	——	2015 年	北京
2015.10	一米辅导	1 000 万	天使轮	精锐教育	2014 年	上海

四、典型案例：轻轻家教、掌门 1 对 1

(一)轻轻家教

轻轻家教上线于 2014 年，由原上海昂立教育创始人刘常科、精锐教育联合创始人胡国志联合创办。轻轻家教仅针对中小学在线课外补习 O2O 市场，已进入广州、上海、南京、武汉、杭州、合肥、苏州、南昌、深圳、长沙和佛山等城市。轻轻家教目前仅提供移动端服务，并已获得包括好未来在内的 5 轮融资。

轻轻家教在运营上有两方面的特征：一方面是在常规的筛选机制上增加了类似滴滴打车的 LBS 模式，学生和家长发布家教请求并由老师进行抢单；另一方面是提出 TT2F(Tutor and Tutoring Assistant to Family，家庭教师与经济人连接学生家长)的服务理念，引入助教的角色。助教以经纪人的身份帮助老师在平台上成长，例如抢单、管理，与用户交流体验，等等。

刘常科对媒体表示，之所以选择 O2O 家教领域作为创业的突破口，是因为家教是所有线下培训机构的起源。通过移动智能终端去改造这一行业，能提高服务流程中各个参与角色的效率。原有的商业模式需要在组织和个人的驱动下形成一个服务的闭环，而这个闭环未来完全可以通过移动智能终端来驱动。

从互联网大环境来看，滴滴打车影响并带动了其他传统行业线上、线下的资源整合。O2O 家教平台显而易见的优势在于减少了中间成本，并在一定程度上探索出线下培训机构全新的商业模式。

当然，这一模式存在的问题也很多。从教师资源来看，虽然随着互联网的发展，全职私人教师群体逐渐发展和成熟，但教师群体赖以生存的基础仍然是体制内学校。好教师在现实生活里永远不缺学生，完全脱离体制的教师单纯依靠去中介家教平台很难实现价值增值。从用户心理来看，即使有强大的补贴，家长和学生也不会在O2O家教平台上反复试错。因此，获取用户信任是此类平台发展需要解决的首要问题。同时，由于基础教育的地域性很强，即便是抢单模式也很难实现全国教育资源的均衡流动，所以互联网效应的发挥空间依然有限。

目前，对于轻轻家教、疯狂老师、请他教这类去中介家教平台来说，流程的标准化是其最大的价值所在。

(二)掌门1对1

掌门1对1是一家为初高中学生提供在线1对1教育服务的平台，于2014年1月上线。目前已获得包括顺为基金在内的两轮融资。掌门1对1的创始人及团队大部分成员都是90后。在2014年上线之前，掌门1对1经历了较长的线下发展路径：

2005年，广东省状元俱乐部成立；

2009年，状元俱乐部改名为掌门教育，成立第一家线下品牌店；

2010年，掌门教育开始打造在线高质量教育品牌；

2014年，掌门教育改名为掌门新锐，并扩张到全国多座城市；

2015年，掌门新锐正式改名为掌门1对1，专注推行1对1在线教育。

在教师团队方面，掌门1对1对老师有两个重要的要求：出自名校和有家教经验。因为相对来说，名校大学生的学习基础更为扎实，培训后授课效果较好。掌门1对1对大学生的培训方式多以线上形式展开，包括教授大学生如何更好地与学生互动以及如何更快地识别学生缺点并纠正过来，等等。

在运营方面，由于掌门1对1的几名联合创始人都出自上海交通大学、复旦大学、浙江大学等名校，因此团队会定期回母校宣讲，为平台招募老师。另外，2005年成立的广东省状元俱乐部也为平台输送了不少“学霸”大学生。除了1对1授课外，平台还为用户提供在线答疑、讲义资料库、微课堂、在线题库等。

在推广方面，掌门 1 对 1 通过 H5 小游戏《用颜值测你被哪所大学录取》刷爆朋友圈，3 天获取流量2 000万，借势高考获取了不少新用户。

总的来说，掌门 1 对 1 与其他在线家教平台相比，有如下三点特征。

第一，主打线上轻成本模式。掌门 1 对 1 上线了平板客户端，学生可以选择用平板上课，也可以选择“PC＋平板＋手机”进行多屏互动。

第二，精英式、陪伴式教学。掌门 1 对 1 选择名校的“学霸”大学生作为教师资源，主要是看中他们的学习经历以及与中学生年龄差距不算太大。但大学生缺乏授课经验，需要平台进行统一培训。

第三，随着业务规模的不断拓展，纯互联网模式的获客渠道优势不再明显，掌门 1 对 1 开始尝试“轻体验店模式”：在多个城市开设线下体验店，提供教员及学生在店免费体验的机会。这将成为掌门 1 对 1 未来重要的品牌宣传和获客渠道。

五、小结

近年来，在线家教平台可以用“人红是非多”来形容：一方面，资本不停砸向这一领域；另一方面，唱衰和认定其为伪命题的声音不绝于耳。但剖开在线家教平台这一细分领域来看，线上家教平台和大学生兼职家教平台这两种模式与互联网结合的深度较浅，释放的价值有限。去中介家教平台在运营模式和商业模式的变革上较为激烈，它打破了既有的流程和组织方式，并通过互联网的手段加以重构，因此其附加值较高。

但由于教育的特殊性，不管是哪种方式，在线家教平台在流程和服务标准化方面还需深耕，平台还需深挖除了连接之外的价值，教师和学生用户的行为习惯还需培育。

后 记

回想5年前，我们刚刚从科技网站上了解到“在线教育”这个词，到现在，在线教育从母婴到K12，从职业教育到老年大学，涉及人生的全部阶段。教育这一普惠性的行为，借由互联网的东风，给了我们更多的想象空间，也使得知识在这个时代变得触手可及。

不可否认，技术让每个人的视野都更加开阔，就像麦克卢汉所说的“媒介即人的延伸”。全媒体时代真的可以让人进入到沉浸式学习的状态，我们的眼耳口鼻都被充分调动起来，这是传统教育方式所无法企及的。但从传播学的另一个角度看，技术也会进一步加大数字鸿沟。因此，青少年儿童的媒介素养也应该成为教育者关注的话题。

在本书成书过程中，我们得到了非常多导师、领导、朋友的支持，没有你们此书难以完成。

感谢学科网创始人的陈学艺博士，正是在您的提议下，我们开始了这本书的写作，感谢您对我们的支持和鼓励；感谢学科网陈祥波老师组织的500位教师在线问卷活动，使得本书的第三章有了更精准的数据支持，也让我们了解到一线教师群体对于在线教育的真实理解和感受；感谢纵横公考创始人邓淳博士以及各位同事的支持，身在在线教育行业中，与用户切实地打交道，才更能明白一个行业的价值，也更深刻地体会到创业不易，坚持到最后的人才有远方。

感谢北京印刷学院新闻传播学2017级研究生刘杉和李兴旺，他们在此书的审校过程中梳理了大量的图表和数据；感谢本书出版过程中李艳华、赵欣、张笛三位编辑老师，尤其是张笛编辑，半年多的往来让我们看到一位职业编辑的专业和敬业。

哲学家雅斯贝尔斯在他的《什么是教育》中写道:“教育的本质意味着:一棵树摇动一棵树,一朵云推动一朵云,一个灵魂唤醒一个灵魂。”我们相信,互联网技术推动下教育模式的变革必将为中国教育产业迎来更好的明天。

作　者

2018.10